함거에서 길을 찾다

함거에서 길을 찾다

초판 1쇄 발행 | 2015년 12월 19일
초판 2쇄 발행 | 2016년 5월 20일

지은이 | 정운천
펴낸이 | 이성수
주간 | 박상두
편집 | 황영선, 이홍우, 박현지
마케팅 | 이현숙, 이경은
제작 | 박홍준

펴낸곳 | 올림
주소 | 03186 서울시 종로구 새문안로 92 광화문오피시아 1810호
등록 | 2000년 3월 30일 제300-2000-192호(구:제20-183호)
전화 | 02-720-3131
팩스 | 02-720-3191
이메일 | pom4u@naver.com
홈페이지 | http://cafe.naver.com/ollimbooks

값 | 12,000원
ISBN | 978-89-93027-77-8 03320

함거에서 길을 찾다

정운천 지음

머리말

화합과 소통의 시대를 향하여

2011년 LH공사 전주 이전을 도민과 함께 열망했다. 그러나 진주로 결정되었다. 참담했다. 책임을 통감하고 도민께 용서를 빌어야 했다. 석고대죄를 선택했다. 호남제일문에서 시작하여 1주일간 석고대죄하면서 함거 안에서 절치부심 내가 할 일을 준비했다.

2012년 총선에서 전주 완산을 지역구에 출마, 36%의 득표로 희망의 불씨를 지폈다. 18대 대선에서는 새누리당 전북도당위원장을 맡아 새만금개발청 설립과 국민연금 기금운용본부 유치 등 전북의 2대 현안을 해결했다.

대통령 선거가 막바지였던 2012년 10월 30일 새만금회의에 참석해 새만금특별법을 이끌어 주셨던 황우여 대표, 남경필 위원장, 안효대, 박성호, 안덕수, 주영순, 여러 의원들께 감사드린다. 기금운용본부 이전 법안을 마련하여 11월 22일 전주에서 기자회견을 통해 물꼬를 열었던 김무성 총괄본부장과 김재원 의원에게 진심으로 감사드린다. 새만금특별법 공동 발의에 힘을 모아 주신 모든 의원께도 감사드린다. 이러한 성과들이 새로운 시대를 여는 기폭제가 될 것이다.

이제는 화합과 소통의 시대를 열어야 한다. 모두가 상생 협력하는 새로운 세상을 열기 위해, 망국적인 지역장벽을 극복하기 위해 하나님께 기도드리며 내 후반기 삶의 또 하나의 목표로 삼아 걸어갈 것이다.

정운천

차 례

머리말
화합과 소통의 시대를 향하여 … 4

함거에서 보낸 일주일

호남제일문 앞에서 … 13
책임을 함거 속에 안고 … 21

대선정국을 전북 발전의 기회로

쌍발통 수레, 첫 바퀴를 달리다 … 29
대선정국에서 기회를 보다 … 33
공짜는 없다 … 37
폭소의 3분 연설 … 41

3장 새만금개발청 설립, 그 뒷이야기

화합과 소통을 위하여 … 47

새벽 고속도로를 달리다 … 51

무데뽀, 찐드기가 되어 … 55

30분을 확보하라 … 60

22일의 기적 … 63

4장 두 번의 실패는 없다
국민연금 기금운용본부 유치

대선정국의 뜨거운 감자 … 69

해법은 법이다 … 73

김무성 총괄본부장과의 인연 … 76

기금운용본부 이전 … 83

저도 차 좀 타겠습니다 … 87

절치부심이 성과로 … 92

5장 새로운 도전, 19대 총선

내가 선택한 길 … 99

시민 속으로 녹아들다 … 103

단 한 명만이라도 바꿔 주십시오 … 109

가족과 함께 가다 … 113

이상한 선거운동 … 118

여론은 벽을 넘었는데 … 122

이가 없으면 잇몸으로라도 … 128

6장 멀고도 험한 소통의 길

희망의 불씨, 13.2% … 135

3무(無) 전북을 넘어서 … 139

사건에 대한 우리의 반응과 태도 … 142

지혜 중에 으뜸은 '때를 아는 것' … 145

7장 전북 발전을 위한 제언

전라감영 복원 … 151

김제공항을 항공정비공항으로 … 154

전북을 푸드폴리스로 … 157

한식세계화의 메카 익산 … 160

새만금을 동북아의 식품 허브로 … 163

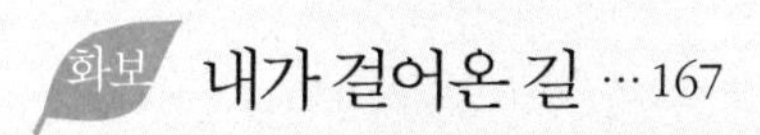
화보 내가 걸어온 길 … 167

부록 언론기사 & 칼럼

〈전라일보〉

"기금운용본부 소재지 논란 종지부 찍었다"(2015. 08. 19) … 190

정운천 전장관, 남다른 정치파워 위엄 뽐내(2015. 07. 06) … 192

"전북현안 내가 챙길 것"(2015. 04. 07) … 195

〈새전북신문〉

친생태지역으로 변하는 왕궁단지(2015. 08. 23) … 198

쌍발통 정치시대가 열리는가?(2015. 06. 28) … 202

전북정치 '메기효과' 절실한 때(2015. 04. 06) … 205

맺음말

나의 길 … 210

1장

함거에서 보낸 일주일

호남제일문 앞에서

2011년 5월 19일, 전주 호남제일문 앞.

삼베옷을 입고 고무신을 신은 채 천천히 걸음을 옮겨 수레 위에 마련된 함거에 들어갔다. 내 키만한 높이에 한 평 남짓한 사각의 나무감옥은 너무 좁아 발도 제대로 뻗을 수 없었다. 하는 수 없이 가부좌를 틀고 앉았다.

처음 보는 낯선 광경에 이내 사람들이 몰려들었다. 얼굴이 화끈 달아올랐다. 어디서 나타났는지 카메라 기자가 달려와 셔터를 눌러댔다. 지나가는 사람들은 삼삼오오 몰려들어 수군거렸다.

나는 조용히 눈을 감았다. 도민들의 분노와 상실감을 조금이라도 달래 줄 수 있다면 이만한 고통은 견뎌야 한다…….

"함거에 들어간 이유가 무엇입니까?"

방송국 기자라고 신분을 밝힌 한 남자가 다가와 함거 사이로 마이크를 들이밀었다.

지난 1년여의 일들이 스쳐 지나갔다.

"……저는 고질적인 지역장벽을 넘어 소통의 물꼬를 트고자 한나라당 후보로 전북지사 선거에 출마했습니다. 당락에 관계없이 LH공사를 전북으로 유치하겠습니다……."

지방선거가 종반으로 치닫던 2010년 5월 25일, 나는 핵심공약을 발표했다. 당락에 관계없이 LH공사를 전북으로 유치하겠다는 약속도 포함되어 있었다.

당시 토지공사와 주택공사를 통합하여 새로 출범한 LH공사의 본사 이전 문제가 국정의 뜨거운 감자로 부상했다. 정부의 공공기관 이전 계획에 따라 주택공사는 경남 진주로, 토지공사는 전북 전주로 이전할 예정이었으나, 토지공사와 주택공사가 합병됨에 따라 양 도(道)가 LH공사의 유치를 놓고 팽팽하게 맞섰다. 영남과 호남 사이에 지역갈등으로 비화될 조짐마저 보였다.

한나라당의 요청을 받아들여 전북지사 선거에 출마한 나는 이 문제가 지역갈등의 중요한 분수령이 될 수 있다는 생각을 했다.

지난 30년간의 대립 과정에서 늘 소외되고 차별받은 호남이었다. 그런 상황에서 LH공사가 경남으로 간다면 전북도민들은 또다시 좌절감과 소외감에 빠져들 것이었다. 그러나 LH공사가 전북으로 이전된다면 그동안의 응어리를 풀고 마음을 여는 전기가 될 수 있을 뿐만 아니라 국가적으로도 지역장벽을 넘어 소통과 화합을 이룩하는 변곡점이 될 수 있었다.

나는 전북지사 출마의 조건으로 LH공사 전북 이전을 내걸고 당정청(당과 정부, 청와대)을 상대로 물밑 작업을 벌였다. 출마 인사차 청와대를 방문한 자리에서 이명박 대통령께 간곡히 말씀드렸다. 그리고 정무수석에게도 전북을 위해 큰 선물 보따리를 하나 풀어 달라고 부탁했다. 아울러 '당락에 관계없이 LH공사를 전북으로 유치하겠다는 것을 핵심 공약으로 제시하겠다'는 뜻도 밝혔다.

전주에 내려와 선거운동에 매진하던 나는 청와대의 부름을 받고 올라가 박형준 정무수석을 만났다.

"수석회의를 했으니 LH공사 유치를 공약하십시오. 대신 20% 이상의 지지율을 받아내십시오."

선거 전부터 내가 출마의 조건으로 내세웠던 핵심 공약에 대한 청와대의 답변이었다. 나는 자신 있게 LH공사 유치 공약을 발표할 수 있었다.

투표 결과는 낙선이었다. 그러나 18.2%의 득표율을 기록했다. 비록 낙선은 했으나 한나라당 후보로는 처음으로 두 자릿수를 넘어 20%에 가까운 지지를 받았다. 언론에서는 '황무지 전북에 소통의 물꼬를 텄다'며 큰 의미를 부여했다.

선거가 끝난 뒤에 전북의 정치권은 LH공사 전북유치에 모든 힘을 쏟고 있었다. 시내 곳곳에 LH공사 전북유치를 촉구하는 벽보가 붙고 현수막과 깃발이 펄럭이고 있었다.

"배를 갈고 죽을지언정 내놓지는 못하겠다"는 극단적인 문구까지 나왔다.

나 역시 전북 이전 공약만큼은 꼭 지키려고 노력했다. 국회, 정부부처, 청와대를 오가며 전북의 민심을 전하며 30년 지역장벽을 허물고 다가오는 서해안 시대에 대비하기 위해 LH공사를 반드시 전북으로 이전해 줄 것을 간곡히 요청했다.

그러나 대통령 직속 지역발전위원회는 정반대의 결과를 발표했다.

"LH공사를 경남 진주로 이전하고, 전북 전주에는 국민연금관리공단을 이전한다."

발표를 지켜보면서 나는 참담한 마음이었다. 상실감에 젖어 있을 도민들의 마음을 어떻게 위로할 수 있을까?

당락에 관계없이 LH공사를 전주로 유치하겠다고 공약했었다. 지사에 당선이 되었다면 직에서 물러나는 것으로라도 책임지는 모습을 보여 줄 수 있겠지만, 낙선한 나는 어떻게 해야 할까?

며칠을 고민했다. 역경을 만날 때마다 멘토로 따르고자 했던 이순신 장군을 생각했다.

임진왜란 때 지은 죄 없이 죄인이 되어 함거를 타고 한산도에서 한양으로 압송되는 장군의 모습을 회상했다.

"그래 함거에 들어가 도민께 석고대죄를 청하자"

함거를 찾아보았다. 사흘 만에 충북 음성에서 영화 소품으로 만들어 놓은 함거를 구할 수 있었다. 나는 LH공사 진주 이전 발표 일주일이 지난 5월 19일 호남제일문 앞에서 함거에 올랐다

함거 안은 답답했다. 제대로 움직일 수도 없는 좁은 공간에서 할 수 있는 일이라고는 아내가 넣어 준 책을 읽거나 눈을 감고 명

상에 잠기는 것이 고작이었다.

마음은 더 답답했다. 지역장벽을 깨기 위해 쏟아부은 지난 몇 년 동안의 노력이 한순간에 물거품이 된 것 같아 안타까웠다.

명분이나 공감대에서는 분명 전북이 앞섰다. 30년 지역장벽의 한을 풀고 소통과 화합의 시대로 나아가기 위해, 다가오는 서해안 시대를 대비하기 위해 전북으로 이전해야 한다는 내 주장에 많은 분들이 공감했다. LH공사 임직원들도 전북 이전을 원했고, 청와대에서도 암묵적으로 동의했다.

그런데도 결과는 경남이었다. 경남 출신 13명의 여당의원이 뭉쳐 경남 이전을 위해 뛰었다. 그러나 전북에 여당의 인사라고는 기껏해야 원외 인사인 나 혼자였다. 13명의 여당의원이 포진한 경남의 벽은 너무도 두터웠다.

전북에도 11명의 지역구 의원이 있다. 하지만 모두 민주당으로, 집권여당인 한나라당 의원은 단 한 명이 없다. 국회의원뿐만이 아니다. 도지사를 비롯해 시장, 군수, 도의원, 시의원 231개의 도내 선출직 의석 중 한나라당은 단 한 석도 없다. 정책을 결정하고 집행하는 정부와 여당 내에 전북의 입장을 대변하고 반영할 수 있는 인사가 한 사람도 없는 것이다.

그러니 도지사 선거에서 낙선한 야인에 불과한 내가 아무리 발 벗고 나선들 역부족이었다.

반면에 경남은 13명의 여당의원이 포진하고 있다. 그들이 한 목소리로 경남 이전을 요구하니 정부는 눈치를 볼 수밖에 없다.

"장관님 말씀에는 충분히 공감합니다. 하지만……."

관계기관을 찾아가 전북 이전의 당위성을 역설할 때마다 관계자들이 보인 반응이었다. 필요성과 효과에는 공감하면서도 정작 지원에는 난색을 보였다.

LH공사 유치에만 국한된 일이 아니었다. 정부와의 업무 협의나 예산 확보 과정에서도 유사한 일이 다반사로 벌어졌다.

2010년 10월 LH공사 유치 협의차 국회에 들렀을 때의 일이다. 일을 마치고 나오다 복도에서 전북도청에서 올라온 K국장을 만났다. 예산 설명을 위해 올라왔다는 그와 인근 식당에서 저녁을 함께 했다.

"필요한 예산을 확보하려면 여당의 협조가 있어야 하는데, 누가 있어야지요? 여기저기 눈치를 보고 있습니다."

술이 한잔 들어가자 K국장이 속사정을 털어놓았다.

"하루 빨리 여야가 공존하고 경쟁하는 전북을 만들어야지요."

나는 조용히 그의 잔에 술을 따라 주고 잔을 부딪치는 것으로 대답을 대신했다.

(이후 '한나라당'은 '새누리당'으로 당명을 변경하였다.)

책임을 함거 속에 안고

함거 생활이 이어지자 몸에 문제가 나타나기 시작했다. 어깨가 결리고 팔다리가 저렸다. 뼈마디가 쑤시고 근육이 굳고 무력해져서 결국 혼자서는 일어서기도 힘들었다. 헬멧을 눌러 쓰고 얼굴을 가린 한 사람이 오토바이를 타고 달려가며 함거를 향해 쪽지 한 장을 던졌다. 쪽지에는 '쇼하지 마시오'라고 적혀 있었다. 육체적 고통보다 더 힘든 것은 진심조차 받아들일 수 없는, 상처받은 시민들을 만나는 일이었다.

그러나 시간이 지나며 손가락질하며 비난하는 사람들 사이로 나의 손을 잡아 주며 격려하는 시민도 늘고 있었다. 인근에서 음식장사를 하고 계시던 한 할머니께서는 주먹밥을 건네주셨다. 피자 배달을 다녀오던 한 청년은 비닐봉투에 우유를 담아 함거 모서리에 걸어놓고 달아났다. 어느덧 함거 생활 5일째가 지나고 있었다.

내가 처음 함거에 오르자 청와대에서는 무언의 항거로 받아들였다. 비서실장이 함거 생활을 중단하고 서울에 올라와 대화하자는 제안을 해 왔다. 그러나 나는 함거 생활을 중단할 수 없었다.

함거 생활 5일째 전광우 연금공단 이사장이 함거를 찾았다. 내가 농식품부장관 시절에 금융위원장을 맡기도 한 분으로, 대통령의 지시로 함거를 찾아온 것이다. "나는 함거에 들어갈 때 일주일을 약속했으니 중단할 수는 없다."고 내 뜻을 밝혔다.

그러나 전광우 이사장은 내 귀에 몇 가지 중요한 이야기를 건네주었다. "일본은 토지주택공사가 없어졌다. LH공사가 덩치는 크지만 100조가 넘는 부채를 안고 있으며, 하루에 100억씩 이자가 나가고 있다. 반면 연금공단은 복지의 중심에 있는 떠오르는 해이다. 특히 기금운용본부를 눈여겨보았으면 좋겠다. 기금운용본부는 앞으로 수백 조를 움직이는 세계3대 연기금이 될 것이다."라면서 장기적으로 보면 절대 손해가 아니고, 큰 복이 올 것이라는 점을 강조했다.

당시에는 나를 위로하고자 했던 말로 가벼이 생각했지만 그 때 받은 정보는 연금공단 기금운용본부 전주 이전이라는 기적을 만드는 단초가 되었다.

함거 생활을 끝내고 서울에 올라가 임태희 비서실장을 만났을 때도 같은 덕담을 들었다. "전북은 눈앞에서 돈지갑을 잃었지만 돌아보니 뒤에서 금덩어리를 얻었습니다."

함거 생활 중 처음으로 알게 된 '연금공단 기금운용본부'.

기금운용 본부를 전북에 유치하게 된다면 LH공사가 진주로 간 것보다 10배, 100배 큰 것을 얻는 것이라는 사실을 알게 되었다. 그리고 연금공단 기금운용본부를 반드시 전북으로 유치해야겠다는 결심을 하게 되었다.

호남제일문에서 시작된 함거 생활은 경기전, 효자동 KT사거리, 전북대 앞 그리고 도청광장을 마지막으로 마무리했다

LH공사 유치 실패가 남긴 가장 큰 교훈은 여야가 공존해야 한다는 사실이다. 여당에도 전북의 입장을 대변하고 반영할 통로를 열어야 한다. 그래야 같은 실패를 되풀이하지 않을 것이다.

민주당의 일당 독주, 중앙과의 소통 부재, LH공사 유치 실패

또한 이 악순환의 고리가 빚어낸 산물이었다.

먼저 이 악순환의 고리를 끊어야 한다. 30년간 지속된 악순환의 고리를 선순환 구조로 바꾸는 것. 그것이 LH공사 유치 실패가 남긴 교훈이자 오늘의 전북에 주어진 시대적 사명일 것이다.

그 이후 나는 정치제도의 개혁을 통해 지역갈등을 해결하는 방안으로 석패율제에 대해 많은 생각을 해왔다. 물론 국민의 결단으로 지역장벽 문제가 해결된다면 최선이지만, 지난 30년간 영호남의 갈등은 계속되어 왔다. 국가의 미래와 국민의 행복을 위해 정치제도의 개선을 통해 해결하는 것도 차선의 방법이다.

지역장벽이 고착화된 것은 1988년 최다 득표 한 명을 뽑는 국회의원 소선거구제를 선택한 것이 결정적이었다. 소선거구제를 선택했다면 지역구도를 극복할 수 있는 제도를 보완했어야 했다. 그 예로 권역별 비례대표제나 석패율제를 들 수 있다.

권역별 비례대표제는 전국을 다수의 권역으로 나누어 각 권역마다 독자적인 정당 명부를 작성하고, 정당 득표에 따라 의석을 배분하는 방식을 말한다. 권역별 비례대표제의 예로는 흔히 일본식 병립제와 독일식 비례제를 꼽는다. 독일식은 권역별 당선자 수를 전국 득표율에 따라 결정하는 반면, 일본은 권역별 득표율에 따라 별도로 선정한다.

석패율제는 소선거구의 낙선자 가운데 득표율이 높은 사람을 비례대표 당선자로 결정하는 것으로, 지역구 출마와 비례대표 당선을 절충하는 방식이다.

특히 나는 우리나라의 여러 정치적 상황을 고려하여 석패율제가 더 현실적인 방안이라 생각해 왔고, 2011년부터 석패율제도의 도입을 주장해 왔다.

예를 든다면 새누리당의 경우 약 26명 정도가 비례대표로 당선된다. 이중 광주, 전남, 전북 지역에 한하여 각 2명씩 도합 6명을 비례대표 순번으로 할당하는 것이다. 그리고 이 지역구에 출마했다가 낙선한 후보들 중 득표율이 가장 높은 2명을 새누리당 비례대표에 당선시키는 것이다. 전북의 경우 11개 지역구를 묶어서 2명 할당을 받을 것이고, 낙선 후보들 중 득표율이 높은 2명이 새누리당 석패율제 의원으로 당선되는 것이다. 영남에서는 민주당에서 당선되는 비례대표 일부를 같은 방법으로 선출하는 것이다. 다음 총선에 이 제도를 도입한다면 호남에서 새누리당 의원을, 영남에서 민주당 의원을 석패율제 비례대표 의원으로 배출할 수 있다.

2010년 12월 지명직 최고위원으로 당 지도부에 입성하자마자 나는 제일 먼저 석패율제 도입을 제의했다. 당 관계자 미팅, 대통령 초청 신년인사회 등 기회 있을 때마다 필요성을 역설했다.

마침내 국회 정치개혁 특위에서 석패율제 도입을 위한 논의가 본격적으로 진행되었다. 하지만 민주당과 연합한 통합진보당의 반대로 합의안 도출에 실패, 다음 총선에서 다시 논의하기로 했다. 그로 인해 19대 총선에서도 전북은 결국 여야 공존에 실패하고 말았다. 20대 총선을 위해 현재 석패율제도가 다시 거론되고 있다. 대한민국 정치개혁의 최고 우선순위는 지역장벽을 깨는 일이다. 정치공학적인 이해관계에 앞서 이번만큼은 석패율제가 도입되어 지역갈등 해결의 중심이 되기를 기대한다.

2장

대선정국을 전북 발전의 기회로

쌍발통 수레,
첫 바퀴를 달리다

도당위원장으로 취임한 지 열흘이 지난 2012년 8월 9일, 나는 전북도청 종합상황실에서 김완주 지사를 비롯한 도청 간부들과 마주앉았다. 취임 후 첫 대외 행사로 마련한 전북도와의 정책협의회 자리였다. 새누리당 전북도당과, 민주당이 독점하고 있는 전북도와의 정책 협의를 위한 만남. 감회가 새로웠다. 예전에는 볼 수 없었던 광경이었다.

"위원장님께서 새만금위원으로 계시고, 또 전에 공약도 하셨으니 잘 아실 겁니다. 새만금 개발을 원활히 추진하기 위해 절실하게 필요한 것이 전담기구입니다……."

인사를 마치고 본격적인 협의에 들어가자 김 지사는 제일 먼저 새만금 문제를 거론했다.

"새만금개발청을 설립하기 위해서는 새만금특별법을 개정해야 하는데 민주당만 가지고는 안 됩니다. 집권여당인 새누리당이 법 개정에 앞장서 주십시오."

민주당만 가지고는 안 된다, 새누리당이 앞장서 달라. 민주당 소속의 도지사가 민주당만으로는 안 된다며 새누리당에 도움을 요청하는 것이었다.

김완주 지사와 나는 2년 전 전북지사 선거에서 맞붙은 경쟁 상대였다. 당시 김 지사는 현직 지사로 재선 도전에 나섰고, 나는 지역장벽 극복을 기치로 새누리당 불모지 전북에 첫 도전장을 던졌다. 선거 결과 김 지사는 67%의 득표율로 당선되었고, 나는 18.9%를 받았다. 낙선을 했고 67%에 비교하면 낮은 득표이지만 새누리당 후보로는 처음으로 전북 도민들이 두 자릿수를 넘어 20%에 가까운 표를 준 것이다.

재선에 성공은 했지만 김 지사 또한 집권여당의 도움이 절실하다는 것을 피부로 느끼고 있었다. 민주당 경선 과정에서 불거진 소위 '용비어천가 편지 사건'이 단적인 예다.

김 지사가 이명박 대통령에게 편지를 보내 전북에 대한 관심과 지원을 요청했는데, 그 형식이 대통령을 찬양하고 칭송하는 등 저자세로 일관했다 해서 논란이 된 것이다. 민주당 소속의 도지사가 새누리당 당적의 대통령에게 저자세로 일관해 당의 체면과 자존심에 상처를 입혔다는 것이었다.

하지만 나는 생각을 달리했다. 전북 발전을 위해서라면 체면과 자존심을 버릴 수 있는 용기, 그것이야말로 전북의 지도자에게 필요한 덕목 중 하나가 아닌가?

지금도 마찬가지다. 도내 선출직 의석을 독점하고 있는 민주당 소속이지만, 민주당만으로는 안 된다며 새누리당이 앞장서 달라고 부탁하는 모습만큼은 높이 평가하고 있다. 이는 곧 여야 협력이 이루어져야 원활한 도정 추진이 가능하다는 사실을 방증하는 것이다.

새만금개발청 외에도 국가식품클러스터, 혁신도시 건설 등 전북의 여러 현안에 대해 많은 이야기를 나눴다. 일부 내용에서 이견을 보이기도 했지만 많은 현안에 대해 인식을 같이하고 공감대를 형성할 수 있었다.

그때부터 우리는 주기적으로 협의회를 개최하여 각종 현안에 대해 이견을 조정하고 해결 방안을 협의했다. 특히 4개월 앞으로 다가온 대통령 선거를 전북 발전의 계기로 삼아야 한다는 데 인식을 같이했다.

나는 새누리당 내에 지역화합특위를 구성해 전북의 현안을 대변하고 반영할 수 있도록 노력하겠다고 약속했다. 김 지사 또한 민주당 내에 같은 분위기를 만들어 협력하겠다고 화답했다.

전북도와의 정책협의회. 여야 협력을 통해 비로소 쌍발통 수레의 힘찬 첫 바퀴를 굴리게 되었다.

대선정국에서 기회를 보다

정책협의회에서도 제기되었지만 전북에는 해결해야 할 현안이 산적해 있다. 국가식품클러스터 조성, 혁신도시 건설, 탄소 밸리 조성 등 전북 발전을 위해 추진 중인 대형 프로젝트가 이런저런 이유로 차질을 빚고 있다. 전북의 미래를 좌우할 두 핵심 현안인 새만금개발청 설립과 국민연금 기금운용본부 이전 또한 마찬가지다.

새만금 개발은 전북은 물론 국가의 미래를 좌우할 대형 국책사업이다. 1억 2천만 평의 바다를 메워 만든 거대한 신천지, 서해안의 배꼽이자 중국과도 가까운 새만금을 개발하여 전진기지로 만들어야 다가올 동북아시대를 주도할 수 있다.

하지만 바다를 막아 부지를 조성하는 데만 20년이 걸렸다. 2010년에 물막이 공사를 마무리하고 2011년에 22조 원을 투자하는 종합개발계획을 확정했지만, 예산투자는 미흡하고 사업 추진은 더디기만 하다.

이러한 문제점을 극복하고 새만금 개발을 차질 없이 추진하기 위해서는 전담기구를 설립하고 특별회계를 마련해야 한다.

새만금 개발에는 현재 중앙의 6개 부처와 관련 지자체가 제각각 참여하고 있다 보니 하나의 사안을 놓고 의견 대립이나 갈등이 도출되고, 이로 인해 사업이 지연된다. 실제로 방수제 공사의 경우 국토부와 환경부의 의견이 달라 사업 추진이 1년 넘게 지연되었다. 새만금 개발을 전담하여 추진하고 부처 간 이견을 조정하고 통제할 전담기구의 설립이 무엇보다 중요하고 시급한 이유이다.

나는 지난 몇 년 동안 정부와 여당 지도부를 찾아다니며 전담기구의 필요성을 역설하고 도움을 청했다. 나뿐 아니라 전북도와 도내 민주당 의원들도 많은 노력을 기울였다.

하지만 길이 열리지 않았다. 중앙정부를 비롯하여 관계자들의 태도는 미온적이었다. 특정 지역의 개발을 위해 국가기구를 설치하는 것은 전례가 없다는 것이었다.

나는 석고대죄를 마치고 서울로 올라가 이명박 대통령을 면담하고 기금운용본부의 동반 이전을 요청했다. 대통령 비서실장, 보건복지부 장관, 국민연금공단 이사장도 차례로 만나 협조를 당부했다. 김완주 지사를 비롯한 전북도 관계자와 도내 민주당 의원들도 동반 유치를 위해 노력했다.

그러한 노력에도 불구하고 정부는 한결같이 부정적인 입장이었다. 인프라가 전무한 전북으로 이전할 경우 효율성이 떨어진다는 것과 기금운용본부 임직원을 비롯해 관계사 모두가 반발한다는 이유를 들어 현실적으로 어렵다는 것이었다. 그러자 도내에서도 더는 어찌할 방법이 없다는 패배감이 확산되고 있었다.

그러는 사이 대선 정국이 본격화되었다. 여야의 대선 후보가 결정되면서 선거 열기가 뜨겁게 달아올랐다.

선거가 시작되면 중앙당의 시선이 자연스럽게 지역으로 쏠린다. 전국을 대상으로 하는 대통령 선거는 더욱 그러하다. 우세 지역에서 얼마나 방어하느냐, 약세 지역에서 얼마나 선전하느냐에 따라 승패가 갈린다. 어느 한 지역도 소홀히 할 수 없다. 그 때문에 여야 후보가 앞다투어 지방을 돌고, 지도부가 지방에 상주하다시피 한다.

그런 만큼 지역의 입장에서는 이때가 현안을 해결할 절호의 기회가 된다. 대선의 에너지를 모아 중앙과 소통하면 현안을 해결하고 도민들의 숙원을 푸는 계기를 만들 수 있다.

조금의 진전도 없이 답보 상태에 빠져 있는 새만금개발청 설립과 국민연금 기금운용본부 유치. 나는 이번 대선정국이야말로 전북의 미래를 좌우할 이 두 현안을 해결할 수 있는 마지막 기회라고 생각했다. 2년 전 석고대죄하며 절치부심했던 일들을 실천할 기회가 오고 있었다. 나는 도당위원장으로 전북의 선거운동을 총괄하면서 두 현안의 해결을 위해 기도하며 새로운 방안을 모색했다.

공짜는 없다

나는 새누리당 지도부에 취약 지역의 민심을 대변할 특별 기구로 지역화합특별위원회 설치를 건의했다. 하지만 지도부에서는 별다른 관심을 보이지 않고 "검토해 보겠다"는 원론적인 답변만 반복했다. 시간은 자꾸 흘러가는데, 답답했다.

현역 의원이 한 명도 없는 전북이다. 나 또한 기껏해야 원외위원장일 뿐이다. 대선정국이 본격화되었다고 해도 자신의 지역구도 아닌 전북을 위해 앞장서 총대를 메고 도와줄 의원을 찾기란 쉽지 않았다.

그렇다고 도민들의 숙원을 풀 수 있는 절호의 기회를 손 놓고 흘려보낼 수는 없었다. 나는 박근혜 후보와의 직접 면담이 길이라고 생각했다.

대선정국이 본격화되면서 도당도 선거체제로 전환되고, 나 또한 선거대책위원장으로서 전북의 선거를 총괄하는 입장이었다. 머지않아 박 후보와 대면할 기회가 올 것이었다. 그 기회를 살려 박 후보에게 직접 건의하는 것이 가장 빠르고 효과적이리라고 생각했다.

선거대책본부를 발족하는 바쁜 와중에서도 나는 박 후보와의 면담에 대비, 어떤 현안을 어떻게 건의할 것인지 고민했다.

그리고 한 가지 현안에 집중하기로 마음먹었다.

전북에서 가장 중요하고 시급한 현안은 새만금개발청 설립이다. 국가기관으로 새만금개발청을 설립해 전담토록 해야 새만금개발이 제대로 추진될 수 있다.

새만금개발청을 설립하기 위해서는 새만금특별법을 개정해야 한다. 국회가 나서야 하는 만큼 당의 지원과 협조가 필수적이다. 중앙당에 요구한 지역화합특위가 만들어져야 제대로 추진될 수 있다.

당의 도움을 이끌어내기 위해서는 새만금에 대한 박 후보의 관심과 의지를 부각시켜야 하고, 그러기 위해서는 박 후보가 자주 전북에 내려와야 한다. 전북에 오면 새만금을 언급하지 않을 수 없고, 그것이 언론을 통해 알려지면 의원들 또한 관심을 갖게 될 것이다.

나는 박 후보에게 건의할 내용을 다음의 세 가지로 정리했다.

첫째, 새만금개발청을 설립하고 특별회계를 마련해 달라

둘째, 지역화합특위를 구성해 달라

셋째, 박 후보가 전북을 3번만 방문해 달라

세 가지로 구분했지만 실질적으로는 한 가지였다. 전북의 최대 현안인 새만금사업을 원활히 추진해 달라는 것이었다. 새만금은 그만큼 전북 도민들의 염원이 깃든 숙원 사업이었다.

세상에 공짜는 없다. 받는 것이 있으면 주는 것도 있어야 한다. 박 후보에게 새만금개발청 설립을 요구하려면 전북 또한 박 후보가 필요로 하는 것을 제공해야 한다.

선거에 출마한 후보가 필요로 하는 것은 한 가지, 유권자의 지지다. 최선을 다해 도민들의 지지를 이끌어내겠다는 약속을 해야 한다. 하지만 목표가 결여된 약속은 공허하다. 설득력이 떨어진다.

나는 30%를 목표로 제시했다. 모든 노력을 다해 전북에서 박 후보의 지지율을 30%까지 끌어올리겠다는 것이다.

현실적으로 실현하기 어려운 목표일 수도 있다. 5년 전 대선에서 이명박 후보가 얻은 지지율이 9.2%다. 마(魔)의 두 자릿수를 넘어서는 것조차 쉽지 않을 것이다.

그럼에도 불구하고 30%를 목표로 설정한 것은, 그래야 전북의 미래가 열리기 때문이다. 최소한 3 대 7 구조는 만들어져야 여당도 희망을 가질 것이며 야당 또한 경각심을 갖고 지역과 도민 곁으로 다가갈 것이기 때문이다. 30%는 결국 여야공존의 쌍발통 전북에 대한 염원을 반영한 수치였다.

폭소의 3분 연설

박 후보와 대면할 기회는 생각보다 빨리 찾아왔다. 8월 30일 고양 킨텍스에서 원내 의원과 원외 당협위원장(지역구 책임자) 연찬회가 열렸다. 시도당위원장에게도 3분간의 연설 시간이 주어졌다.

박근혜 후보는 물론 당 지도부, 150여 명의 현역 의원, 100여 명의 원외위원장까지 모두 참석하는 자리였다.

나는 미리 준비한 건의 내용을 중심으로 3분짜리 연설 원고를 작성했다. 한 문장 한 문장 심혈을 기울였다.

3분이란 짧은 시간이다. 청중들의 마음에 오랫동안 여운을 남길 수 있는 나만의 차별화된 전달 방법으로 '꼬끼오 스타일'을 선택했다. 나는 전북지사 선거 때 '꼬끼오 스타일' 연설을 개발해 종종 활용했다. 그것을 이번 3분 연설에서도 활용하기로 했다

원고를 쓰고 연설법을 구상한 다음 연습을 했다. 아내를 앞에 앉혀 놓고 하루에도 몇 번씩 연습을 하다 보니 원고의 내용을 전부 암송하게 되었다. 무엇을 어떻게 강조할지, 어디서 어떤 몸짓 언어를 쓸지도 다 기억하게 되었다. 마치 초등학교 시절 웅변대회를 준비하는 마음 같았다. 8월 30일이 다가왔다. 아침에 마지막으로 한 번 더 리허설을 하고 연찬회가 열리는 일산 컨벤션센터로 향했다.

"다음 순서는 정운천 전북도당위원장입니다."

사회자의 소개를 받고 단상 앞에 섰다. 장내의 모습이 한눈에 들어왔다. 연단 앞에 자리한 박근혜 후보와 지도부 인사들, 그리고 300여 명의 원내 의원과 원외 당협위원장들. 한 분 한 분이 국가 지도자요 사회 지도층이라 그런지 분위기가 다소 무거웠다. 대선 출정식의 의미까지 더해져 장내 분위기가 엄숙하고 장중했다. 연설을 시작했다.

"제가 한달 전에 전북도당위원장으로 취임했습니다. 취임사에서 저는 전북의 미래를 위해 새누리당에 30%의 지지를 달라고 도민들에게 호소했습니다……."

목소리 톤을 높이자 실내가 조용해지며 청중의 시선이 내게 집중되었다. 그렇게 서두를 꺼낸 다음 회심의 꼬끼오 스타일을 끄집어냈다.

"요즘 싸이의 강남스타일이 뜨고 있죠? 저는 지난 선거 때 쌍발통 스타일, 꼬끼오 스타일을 개발했는데, 오늘 분위기가 다소 무거우니 그거 한번 할까요?"

청중이 박수로 화답했다.

"꼬끼오~~! 장닭이 새벽을 깨우듯 전라북도의 새벽을 깨우기 위해 정운천이 왔습니다!"

큰 목소리로 '꼬끼오~~!'를 길게 외치며 양손으로는 장닭의 힘찬 날갯짓을 흉내 내어 보였다.

엄숙하던 장내에 이내 폭소가 터졌다. 박 후보도 고개를 숙이며 파안대소했다. 다음으로 30%의 지지를 이끌어내겠다는 각오를 다시 한 번 밝히고 세 가지 건의사항을 제시했다.

"중앙당에 건의합니다.

새만금개발청, 특별회계, 꼭 만들어 주십시오!

전북에는 현역 의원이 한 명도 없으니 지역화합특위를 구성해 주십시오!

그리고 박근혜 후보님, 전북에서 30%의 지지를 올릴 터이니 꼭 3번만 내려와 주십시오!"

3분의 연설에 청중은 12번의 박수를 보내 주었다. 연설을 마무리하며 마지막으로 박 후보를 위해 다시 한 번 꼬끼오를 외쳤다.

"꼬끼오~~! 장닭이 새벽을 깨우듯 대한민국의 새벽을 깨우고 국민의 대통합을 위해서 박근혜가 왔습니다!"

꼬끼오를 외치는 것은 전북의 암울한 어둠을 깨겠다는 나의 절규였다.

3장

새만금개발청 설립, 그 뒷이야기

화합과 소통을 위하여

"영호남 교류 확대와 소통, 지역장벽 해소와 실질적 화합을 위한 특별 기구로 '지역화합특별위원회'를 구성한다."

연찬회가 끝나고 20여 일이 지난 9월 17일, 당 최고위원회의는 지역화합특위 구성을 발표했다. 감회가 새로웠다. 기회 있을 때마다 제안한 나의 요구가 실현된 것이었다.

5선의 남경필 의원과 내가 공동위원장을 맡고 15명의 현역 의원 등 총 18명으로 구성되었다. 현역 의원은 의사결정과 집행 능력 배가를 위해 상임위별로 소속 위원 1명 이상씩을 안배하고

3명의 예산결산특위 위원을 배치했다. 원외 인사로는 전북의 나와 함께 전남 광주 대표로 유수택 광주시당위원장이 참여했다. 참여 위원들의 면면을 볼 때 실질적인 효과와 효율성을 높이기 위해 고심한 흔적이 보였다.

이제 비로소 소통의 통로가 마련된 것이다. 현역 의원 한 명 없는 전북이 중앙과 소통할 수 있는 공식통로가 생긴 것이다. 새만금특별법 개정을 추진할 수 있는 중심축이 마련된 것이다.

특위가 구성되었으니 하루 빨리 회의를 열어 중지를 모아야 한다. 새만금특별법 개정에 뜻을 모으고 법안을 발의해야 한다. 그래야 새만금개발청 설립이 탄력을 받을 수 있다.

나는 국회 일정표를 면밀히 검토했다. 국정감사가 끝나는 10월 28일부터 예산심의가 시작되기 전까지 사흘간의 말미가 있었다. 그때가 적기였다. 11월로 접어들면 대선정국이 종반으로 치달을 것이고, 특위를 개최하는 것조차 어려울 것이었다. 그러니 사흘 중에 하루를 택해 특위를 열고 새만금특별법 개정을 일사천리로 밀어붙여야 한다는 생각이 들었다.

나는 남경필 위원장과 협의해 10월 30일로 날을 잡고 오전에는 새만금에서, 오후에는 광주에서 위원회를 열기로 확정했다. 남

위원장은 위원들의 일정을 고려해 서울 개최를 제안했지만 나는 지역화합 차원에서 호남 개최를 요청하여 합의를 이끌어냈다.

10월 30일 새만금 현장에서의 지역화합특위. 전북의 숙원인 새만금개발청 설립을 위한 마지막 기회였다.

10월 중반을 넘어서자 나는 마음이 바빠졌다. 국정감사가 끝나면 곧바로 예산 국회가 이어진다. 의원들에게는 가장 바쁜 시기다. 거기에 대선이 50여 일 앞으로 다가왔다. 예산심의 준비에, 선거운동에, 24시간이 모자랄 정도로 바쁜 나날일 것이다.

그런 와중에 15명의 의원들이 특위를 위해 하루를 할애한다는 건 쉽지 않은 일이다. 자신과 직접적인 관련도 없는 호남지역의 현안을 논의하는 회의다. 우선순위에서 밀릴 수밖에 없다.

열흘 전부터 중앙당을 들락거렸다. 남경필 위원장을 만나 적극적으로 나서 줄 것을 당부하고, 15명의 특위 위원도 맨투맨으로 만나 참석을 요청했다.

특위를 며칠 앞두고 다시 전화를 걸어 참석 여부를 확인했다. 아니나 다를까, 참석하겠다는 위원이 두 명밖에 되지 않았다. 예산심의 준비, 지역구 행사, 박 후보 유세 동행 등 이런저런 이유로 참석할 수 없다는 것이었다.

나는 몸이 달았다. 특위가 성립되려면 최소한 6명 이상의 위원이 참석해야 한다. 두 명이면 아예 성원이 되지 않는다. 나는 다시 한 번 위원들에게 연락을 하여 새만금특별법 개정이 전북을 넘어 국가적 현안임을 강조하면서 다른 일에 우선해 참석해 줄 것을 간청했다.

호남지역의 선거운동을 위해 광주에 상주하고 있는 황우여 대표에게도 힘을 실어 달라고 간청했다. 그 결과, 여섯 명의 위원들로부터 참석하겠다는 답변을 받았다.

새벽 고속도로를 달리다

2012년 10월 30일.

'오늘 지역화합특별위원회가 열립니다. 이제 한 달 안에 새만금특별법을 통과시켜야 합니다. 회의가 차질 없이 무사히 진행되어 낙후된 전북에 희망의 불씨가 되도록 은혜를 주소서.'

새벽기도 속에서 울림이 있었다. '기존 시나리오로는 안 된다.' 한 달 안에 법을 통과시키려면 특단의 전략이 필요하다. 어둠이 남아 있는 전주 시내를 뒤로하고 서울 여의도로 향했다.

특위를 하루 앞둔 어젯밤, 나는 준비상황을 다시 한 번 점검했다. 참석 위원, 회의 자료, 새만금 회의장……. 하나하나 확인을 해 나가던 중에 한 곳에서 생각이 멈췄다. 대표 발의자였다.

지난 번 남경필 위원장과의 협의를 통해 특위 진행에 대해서는 어느 정도 의견 접근을 보았다. 새만금특별법 개정에 중지를 모아 입법발의를 의결하고 기자회견을 통해 발표하기로 했다.

입법발의에 대한 의결은 걱정하지 않아도 되었다. 사전 조율을 통해 어느 정도 의견 접근을 본 상태였다. 박근혜 후보도 일주일 전 전북을 방문한 자리에서 '새만금개발청과 특별회계, 분양가 인하 등 새만금 3대 현안을 제대로 챙기겠다'고 약속했다. 특위가 열리는 장소 또한 새만금 현장이다. 돌발 상황이 발생하지 않는 한 입법발의에 대한 의결은 이루어질 것이다.

그러나 대표 발의자가 마음에 걸렸다.

새만금특별법 개정이 여기까지 온 것은 대선이라는 특수 상황 덕분이다. 도민들의 염원이 대선의 에너지로 이어져 지역화합특위가 구성되고 법 개정을 논의하게 된 것이다.

대선까지는 이제 30여 일 남짓한 기간이 남아 있다. 대선이 끝나면 모든 관심과 초점은 새 정부 출범에 맞춰질 것이고, 새만금특별법 개정은 뒤로 밀릴 것이다. 법안이 발의되어도 언제 통과될지 모르는 상황이 올 수 있다. 가능하면 대선 전에, 늦어도 대선 직후인 연말까지는 개정안을 통과시켜야 한다.

하지만 하나의 법안이 발의되어 본회의를 통과하기까지는 4단계의 절차와 과정을 거쳐야 한다. 상임위 소위, 상임위, 법사위, 본회의 등이 그것이다. 그 과정에는 여야 협의, 당정 협의 등 많은 난제가 놓여 있다.

새만금개발청 설립은 새만금 개발을 위해 국가기관인 청(廳)을 만드는 일이다. 30일 남짓한 기간 내에 본회의까지 통과시킨다는 것은 여간 어려운 일이 아니다.

'서해안개발청이라면 몰라도 전북의 한 지역을 발전시키는 일에 꼭 청이 필요한가?' 하는 회의적 견해가 물밑에서 오가기도 했다.

그러니 철저한 전략과 강력한 추진력이 필요하다. 거스를 수 없는 대세로 만들어야 한다.

생각이 거기에 이르자 마음에 걸리는 것이 대표 발의자였다.

법안 발의에는 발의자가 중요하다. 누가 책임을 지고 추진하느냐에 따라 동력이 달라진다. 지명도 높은 중진 의원이 나서야 한다. 그래야 빠른 시간 내에 많은 의원들의 참여를 이끌어낼 수 있다.

새만금특별법 개정안은 국토위 소속의 안효대 의원이 대표

발의자로 내정되어 있었다. 안 의원은 지난 4월 울산 동구에서 당선된 재선 의원으로 활발하게 의정활동을 하고 있었다. 그러나 1개월 안에 법을 통과시켜야 하는 법안의 대표 발의자로는 한계가 있을 수밖에 없다. 5선 의원으로 최고위원까지 역임한 남 위원장이 직접 나서 주어야 강력한 추진력을 갖게 될 것이었다.

새만금에서 위원들을 맞이하는 계획을 뒤로하고 서울 여의도로 향했다. 새만금으로 내려오는 버스 안에서 남경필 위원장에게 대표 발의자로 나서 줄 것을 설득하기 위해서였다.

무데뽀, 찐드기가 되어

"아니, 새만금에서 기다리시지, 왜 여기까지 오셨습니까?"

국회의사당 앞에 서 있는 새누리당 버스에 오르자 미리 타고 있던 위원들이 놀라서 물었다.

"전북의 미래를 결정할 분들이 오시는데, 어떻게 가만히 앉아서 기다리겠습니까? 모시러 왔습니다."

나는 너스레로 인사를 건네며 남경필 위원장 옆자리에 앉았다.

"사실은……, 위원장님께 부탁드릴 게 있어서 새벽길을 달려

왔습니다."

버스가 출발하자 남 위원장에게 어젯밤 늦게까지 고심했던 대표발의 건을 솔직하게 이야기했다.

"새만금특별법이 발의되어 통과시키는 데까지 한 달도 남지 않았습니다. 아무래도 안 위원님 발의로는 동력이 조금 약할 듯합니다. 남 위원장님께서 직접 나서 주셔야겠습니다. 안 의원님께는 제가 양해를 구하겠습니다. 이번에 큰일 한번 해 주십시오."

나는 정중하게 대표발의를 맡아 달라고 부탁했다.

"새만금은 국토위 관할이고, 저는 문체위 소속입니다. 해당 상임위에서 발의하는 게 모양새가 좋습니다. 또 저는 지역구가 수원입니다. 제가 앞장서 새만금특별법을 발의한다면 경기도나 수원에서 다른 이야기가 나올 수 있습니다. 그러니 예정대로 안효대 의원이 하는 게 좋겠습니다."

남 위원장은 지역구 문제와 소속위를 거론하며 난색을 표했다. 남 위원장 입장도 이해가 되었다.

한 시간 넘게 설득했지만 남 위원장은 고사의 뜻을 굽히지 않았다. 그러는 사이 버스는 천안-논산 고속도로로 접어들었다. 새만금까지 한 시간도 남지 않았다. 마음이 급해졌다.

"새만금특별법 개정은 경제적 차원을 넘어 정치적으로도 커다란 의미가 있습니다. 180만 전북도민의 염원을 이루는 것이요, 30여 년간 지속된 지역주의를 극복하는 출발점이 될 것입니다.

중국을 향한 서진정책의 전진기지가 되어야 하고, 3~4만불 시대를 여는 동북아 허브를 만들어야 합니다.

위원장님께서 대의를 생각해 주셔야 하지 않겠습니까?"

전주에서 서울까지 새벽길을 달려왔다. 물러설 수 없었다.

"위원장님께 그 부탁을 드리려고 새벽길을 달려 왔습니다. 이번에 제가 위원장님께 큰 빚을 지는 것이니 잊지 않겠습니다. 지역주의 극복과 국가의 균형 발전을 위해 큰 결단을 내려 주십시오."

나는 간절한 마음으로 다시 한 번 간청했다.

남 위원장은 말없이 창밖으로 시선을 돌렸다. 잠시 정적이 흘렀다. 탄천휴게소 표지판이 스쳐 지나갔다. 마음을 정한 듯 남 위원장이 고개를 돌렸다.

"정 위원장님이 무데뽀, 찐드기라는 얘기는 들었지만 이 정도일 줄은 몰랐습니다. 정말 집요하십니다. 대표발의를 제가 하겠습니다."

'무데뽀, 찐드기.'

때로는 나의 무례함이 미안하기도 하다. 그러나 두드리면 열린다고 했던가? 한 시간이 넘도록 간청을 하자 남 위원장도 마음을 바꿔 내 요청을 받아들였다.

"고맙습니다." 나는 남 위원장의 손을 맞잡고 감사의 말을 전했다.

"새만금 사업에 힘을 싣기 위해 새만금특별법 개정안을 대표발의하기로 했습니다."

오전 11시 30분 새만금에서의 회의를 마치고 마련한 기자회견. 남경필 위원장이 앞으로 나와 회의 결과를 설명하고 대표발의의 뜻을 밝혔다.

"새누리당에서는 이미 개정안 초안까지 만들어 놓았습니다. 가능한 한 많은 의원들의 참여를 유도하고 야당과 공동 발의도 추진해 새만금특별법 개정이 연내에 마무리될 수 있도록 최선을 다하겠습니다."

옆에 서서 발표를 지켜보며 나는 속으로 몇 번이나 고개를 끄덕였다. 내 제안을 고사할 때와 지금의 남 위원장은 완전히 달랐다. 대표발의자로서의 책임감과 각오가 곳곳에서 묻어났다.

"새만금의 혜택은 전북도민뿐만 아니라 전 국민이 누리는 것입니다. 전북도민들이 새만금 때문에 더 이상 가슴앓이를 하는 일이 없도록 분명하게 매듭을 짓겠습니다."

새만금에 대한 의지에다 도민들의 마음을 어루만지는 따뜻함까지……. 5선 의원의 관록이 묻어났다.

특위에 힘을 실어 주기 위해 일부러 참석한 황우여 대표도 마이크를 잡고 힘을 보탰다. "당 대표로서 새만금특별법 개정안 발의에 기꺼이 서명하겠다"고 약속했다. 아울러 "22조 원의 사업비가 원활히 투입될 수 있도록 물심양면으로 지원하겠다"고 여당 대표로서의 각오를 밝혔다.

짧은 순간 만감이 교차했다. 2010년 전북지사 선거에 출마하면서부터 추진한 전담기구 설립과 특별회계 설치. 멀게만 느껴졌던 것이 이제야 본궤도에 오르게 되었다.

30분을 확보하라

'이제 구체적 전략이 필요하다.'

새만금 일정을 마치고 광주 회의를 위해 이동하는 버스 안. 남경필 위원장이 대표발의를 맡고 연내 처리를 위해 노력하겠다고 약속했지만 국회가 앞으로 25일밖에 남지 않았으니 구체적이고 철저한 전략이 절실한 시점이다. 이번 정기국회 회기 내에 마무리해야 한다. 상임위별로 참여한 위원들이 계획과 전략을 공유하고 일사불란하게 움직여야 시간과 노력을 단축할 수 있다.

계획과 전략은 내가 이미 준비를 마쳤다. 그것을 위원들에게 설명하고 협의해야 한다. 30분이면 충분한데, 그 30분의 시간이 없다.

지역화합특위는 전북만의 특위가 아니다. 오후에 예정된 광주회의 또한 새만금 못지않게 중요하다. 모든 위원들이 광주회의를 준비하는 상황에서 또다시 새만금 얘기를 꺼낼 수는 없다. 광주회의가 끝나면 곧바로 서울로 올라갈 것이다.

어떻게 위원들과의 시간을 확보할 수 있을까?

나는 이미 그 시간을 확보하기 위한 준비를 해 놓고 있었다. 하늘이 도운 것인지, 광주를 출발하여 김포에 4시 30분에 도착하는 항공편이 있었다. 회의가 3시쯤에 끝나니 공항까지 이동하는 시간을 빼고도 30여 분 여유가 있었다.

"의원님, 제가 비행기 표를 샀습니다. 눈코 뜰 새 없이 바쁘신 위원님들 아닙니까? 시간도 알맞으니 비행기로 가시죠."

광주에서의 회의가 끝난 뒤 나는 위원들을 공항으로 모셨다. 광주공항에 도착하니 예상대로 40분 정도 시간 여유가 있었다. 귀빈실에 앉아 탑승을 기다리는 동안 나는 남경필 위원장과 특위위원들에게 두 가지 전략을 제시했다.

첫째, 빠른 시간 안에 개정안을 통과시키기 위해서는 과반수 이상의 의원들이 공동발의를 해야 한다. 내일부터 상임위가 열리니 상임위별로 설명을 해서 공동발의 서명을 받아 달라.

둘째, 박근혜 후보, 황우여 대표, 이한구 원내대표, 진영 정책위의장, 서병수 사무총장 등 당 5역의 서명은 반드시 받아 주고 민주당에도 똑같이 제안해 과반수 이상의 여야 의원이 공동발의할 수 있도록 해 달라고 요청했다.

그리고 마무리하면서 한 번 더 부탁의 말을 전했다.

"앞으로 25일밖에 시간이 없습니다. 내일부터 상임위를 중심으로 1주일 안에 새누리당 80명 이상, 민주당 70명 이상의 서명을 받아야 가능합니다. 지금부터 작전 개시를 해야 합니다. 남 위원장 보좌관인 김현태 보좌관을 간사로 해서 총력을 기울여 주십시오."

지성이면 감천이라 했던가?

남경필 위원장을 비롯하여 여러 위원들은 공항에서부터 동료 의원들에게 전화를 걸어 협조를 부탁했다.

22일의 기적

공동발의를 위한 서명 작업이 빠르게 진행되었다. 대표발의를 맡은 남경필 위원장의 주도하에 상임위별로 공동발의 서명을 받았다. 민주당에서도 이춘석 도당위원장을 비롯한 전북지역 의원들이 서명 작업을 진행했다. 여야가 뜻을 같이하자 거칠 것이 없었다. 일주일 만에 170여 명의 여야 의원이 서명했다.

고비는 있었다. 입법발의 기자회견이 11월 5일 아침 11시로 예정되어 있었다. 9시쯤 남경필 위원장을 만났다.

“지금까지 과반수가 넘는 의원들의 서명을 받았습니다. 당 대표, 원내대표, 정책위의장, 사무총장 모두 받았습니다. 그런데 박근혜 후보만 받지 못했습니다. 후보는 일개 법안 발의에 서명을 하지 않는 것이 관례인데, 어떻게 하는 게 좋겠습니까?"

나는 얼른 시계를 보았다. 기자회견까지 2시간이 남아 있었다.

"받아야 합니다."

"민주당 문재인 후보는 서명을 하는데 박 후보가 안 하면 어떻게 하느냐고, 비서실장에게 그렇게 말씀해 주십시오."

양당 대선 후보의 서명은 남다른 의미가 있다. 누가 당선되든 새 정부에서도 변함없이 추진하겠다는 일종의 서약이다. 후보의 서명을 빼고 발의할 수는 없다.

비서실장을 다그쳐 결국 유세중인 박 후보의 서명을 받아냈다. 10시반경이었다.

민주당에서도 비슷한 전략으로 문재인 후보의 서명을 받았다.

그로부터 18일이 지난 11월 22일, 새만금특별법 개정안이 국회 본회의를 통과했다. 소속 위원회인 국토해양위에 상정된 지 13일, 법제사법위에 상정된 지 하루만이었다. 헌정사에 유례가 없을 만큼 빠른 진행이었다.

답보 상태에 빠져 지지부진하던 새만금특별법 개정안이 일사천리로 국회 본회의까지 통과한 데에는 여러 요인이 복합적으로 작용했다. 대선이라는 특수한 상황과 도민들의 염원이 시너지 효과를 냈기 때문이다.

그 중에서도 가장 큰 위력을 발휘한 것이 여야의 협력이며, 특히 지역화합특위가 중심 역할을 했다.

남경필 의원이 대표발의를 한 것도, 여당의원 88명의 서명을 이끌어낸 것도, 대선정국이라는 특수 상황을 활용해 지역화합특위를 만들었기에 가능했다. 현역 의원 한 명 없는 전북에서 여당 역할을 대신해 주었기 때문이다.

하지만 지역화합특위는 대선정국이 만들어낸 임시변통에 불과하다. 대선은 끝났고, 공은 이제 전북과 전북도민들에게 넘어왔다. 이번 성과를 교훈삼아 여당과 야당, 야당과 여당이 공존하는 전북을 만들어야 한다. 전북 발전과 도민 행복을 위해 서로 경쟁하고 협력하게 해야 한다. 쌍발통 전북을 만들어야 한다. 그래야 전북의 수레는 미래를 향해 나아갈 수 있다.

4장

두 번의 실패는 없다

국민연금 기금운용본부 유치

대선정국의 뜨거운 감자

"문재인 후보가 국민연금 기금운용본부를 전북으로 이전하겠다고 공약했습니다."

대통령 선거가 중반으로 치닫던 10월 28일. 다급하게 문을 열고 들어온 상황실장이 보고했다. 전주를 방문한 문재인 후보의 유세 현장에 나갔다 소식을 듣고 급하게 돌아온 것이었다.

기금운용본부 전북 이전을 공약으로 채택했다…….

새만금개발청 설립에 매진하느라 뒤로 미루고 있던 또 하나의 뜨거운 현안. 국민연금 기금운용본부 이전 문제가 수면 위로

떠오르고 있었다.

경남 진주로 이전이 결정된 LH공사를 대신해 전북에 내려오는 기관이 국민연금관리공단이다. 연금공단은 LH공사에 비해 기관 규모나 임직원 수는 적지만 연간 500조원의 막대한 기금을 운용하는 국내 최대의 투자기관이다. 앞으로 30년 후에는 2500조를 운용, 세계 최대의 연기금으로 성장하는 '떠오르는 해'다

증권회사 은행지점 등 관계사만도 330여 개에 이른다. 삼성전자, 현대자동차, 포스코 등의 대기업을 비롯해 222개사의 지분을 5% 이상 소유하고 있다. 유치 효과를 극대화할 경우 LH공사보다 더 막대한 경제적 효과를 창출할 수 있다.

그러기 위해서는 기금운용본부가 함께 내려와야 한다. 자금을 운용하는 기금운용본부는 서울에 남고 연금공단만 이전하면 속 빈 강정이 될 수 있다.

하지만 기금운용본부의 이전은 연금공단 이전과는 또 다른 문제다. 기금을 운용하는 투자운용사, 투자자문사, 증권회사, 외국계 은행의 한국지점 등 관계사가 서울에 상주하고 있다. 그 때문에 광주로 내려가는 사학연금공단이나 제주로 이전하는 공무

원연금공단도 기금운용본부는 서울에 남고 공단만 이전한다. 자금 규모가 수십 배나 큰 국민연금공단의 경우 더하면 더했지 덜하지 않을 것이다.

나는 석고대죄를 마치고 서울로 올라가 이명박 대통령을 면담하고 기금운용본부의 동반 이전을 요청했다. 대통령 비서실장, 보건복지부 장관, 연금공단 이사장도 차례로 만나 협조를 당부했다.

김완주 지사를 비롯한 전북도 관계자와 도내 민주당 의원들도 동반 유치를 위해 많은 노력을 했다.

그럼에도 불구하고 정부를 비롯한 관계자들은 부정적인 반응을 보였다. 사실 인프라가 전무한 상태에서 기금운용본부를 전북으로 이전한다는 것은 어려운 일이었다. 대통령도, 장관도, 그 누구도 책임지기 어려운 사안이었다.

해결책은 행정이 아닌 법률로, 국회에서 풀어야 한다고 나는 생각하고 있었다.

그런 상태에서 문재인 후보가 갑자기 공약으로 채택한 것이었다. 전북의 최대 현안인 새만금개발청 설립을 새누리당이 주도하자 그에 맞서 맞불을 놓은 것이었다.

"새누리당은 연금공단의 핵심인 기금운용본부를 독립시켜 공사를 만들어 빼내고 빈껍데기만 전북으로 내려보내려 하고 있습니다. 우리 민주당은 대통령 공약으로 채택, 기금운용본부를 연금공단과 함께 전북으로 이전하겠습니다."

문재인 후보가 대선공약으로 채택하자 도내 민주당 의원들은 적극적인 공세에 나섰다. 특히 지난 7월 새누리당 김재원 의원이 입법발의한 '기금운용본부 공사화 법률안'을 걸고 넘어졌다. 연간 400조 원이 넘는 막대한 자금을 운용하는 기금운용본부의 자율성과 독립성을 보장하자는 취지에서 발의한 것을, 기금운용본부를 빼내려는 것이라며 일제히 비난을 퍼부었다. 정치적으로 민감한 시기가 되자 집중 공세를 퍼붓는 것이었다. 도민들 또한 민주당의 공세에 동조하며 분위기가 험악해지고 있었다.

'그렇다. 위기가 곧 기회다. 지금이야말로 법으로 차별화해서 이전을 실현시킬 기회다.'

나는 그렇게 결론을 내렸다. 민주당에서 공약으로 채택했으니 새누리당에서는 법으로 차별화해서 공론화하면 동반 유치가 가능할 수도 있을 것이다. 불가능해 보이는 것도 가능하게 하는 힘, 그것이 대선정국의 에너지가 아닌가?

해법은 법이다

대선 결과에 관계없이 기금운용본부가 전북으로 내려올 수 있도록 하려면 보다 확실한 방안이 필요했다.

물론 민주당처럼 공약으로 채택하면 그럴 듯해 보이지만 누가 대통령이 되든 기금운용과 함께하는 330여개의 금융 관계사가 서울에 있고 금융전문가들이 거의 서울에 있는데, 금융 인프라가 없는 전북으로 이전하는 것을 찬성할 직원이나 관계사가 있겠는가?

지난 몇 년간 나는 행정의 여러 면면을 경험했다. 장관으로 재직하며 행정을 총괄하기도 했다. LH공사 유치와 새만금특별법 개정을 위해 관계부처를 들락거리며 쓴맛 매운맛을 두루 경험했다.

이해가 대립되는 사안, 논란의 여지가 큰 사안에 대해서는 누구도 책임지기가 어렵다. 그것이 대통령 공약사업이라 해도 마찬가지였다.

누가 책임을 지고 이전을 추진하겠는가? 공약은 빌 공(空) 자 공약(空約)이 될 것이 뻔하다고 판단되었다.

'그렇다. 이 문제의 해법은 입법이다. 법으로 규정해 강제하는 것이다.'

'금융중심지 조성과 발전에 관한 법률'을 만들어 한국거래소를 부산으로 이전한 예가 있다. 지역 균형 발전을 위해 '기금운용본부의 소재지를 전북으로 한다'고 법으로 명시하면 누구라도 이행하지 않을 수 없다. 공약으로 채택하는 것과는 차원이 다르다. 대통령도 막을 수 없다

더구나 국회에는 김재원 의원이 발의한 '기금운용본부 공사화 법률안'이 계류 중에 있다. 이 법안에 '소재지를 전북으로 한다'는 조항만 삽입하면 대선 결과에 관계없이 기금운용본부는

전북으로 내려올 수 있다.

나는 기금운용본부 전북 이전법을 위해 뛰었다.

하지만 내가 할 수 있는 일은 한계가 있었다. 당론으로 확정하는 것도, 법제화를 추진하는 것도 현역 의원들이 한다. 새만금특별법 개정은 지역화합특위라는 특별기구가 만들어지고 내가 공동위원장을 맡았기에 추진이 가능하지만 기금운용본부는 그런 통로조차 없었다. 그렇다고 새만금특별법 개정에 힘쓰고 있는 지역화합특위에 그 일까지 맡길 수는 없었다. 또 다른 특위를 만들자고 할 수도 없었다.

나는 이 일을 주도할 당내 인사를 찾았다. 김무성 선대위 총괄본부장이 적임자라고 판단했다. 여권 실세로 꼽히는 김무성 총괄본부장, 그가 앞장서 법제화를 추진한다면 당에서도 지원할 것이고 입법 추진도 탄력을 받을 것이다.

내가 알기에 김 본부장은 지역 균형 발전에 많은 관심을 갖고 각종 현안 해결을 위해 노력하고 있다. 간곡히 부탁한다면 나서줄 것이란 확신이 들었다. 이미 나는 그와 함께 2년 전 여수엑스포에서 지역 현안을 해결한 각별한 인연이 있었다.

김무성 총괄본부장과의 인연

2010년 12월 20일 나는 중앙당의 지명을 받아 한나라당 최고위원으로 취임했다. 안상수 대표 체제에서 현역 의원이 한 명도 없는 호남지역을 대표하는 자격이었다.

나는 취임과 동시에 호남의 민심을 대변하고 지역 현안을 해결하기 위해 노력했다. 그 일환으로 최고위원회의를 전주와 광주에서 번갈아 개최하여 지역 현안에 대한 건의를 받고 해결 방안을 모색했다. 전북에서는 새만금 개발이, 전남에서는 여수엑스포가 최대 화두였다.

특히 1년 앞으로 다가온 여수엑스포는 전 세계 200여 개국이 참가하는 세계 최대 규모의 박람회였다. 올림픽에 버금가는 국제행사로, 호남에서 개최되는 역대 최고의 행사라 할 수 있었다. 그만큼 여수시와 조직위원회에서는 성공적 개최를 위한 준비에 만전을 기하고 있었다.

그런데 한 가지 문제가 있었다. 여수 버스터미널에서 박람회장에 이르는 2.8km의 시내도로 확장과 석창교차로 입체화 사업에 필요한 400억 원의 예산을 확보하지 못해 준비에 차질을 빚고 있었다.

소식을 접한 나는 엑스포 현장으로 내려가 상황을 점검했다. 내가 보기에도 엑스포의 성공적인 개최를 위해서는 반드시 해결해야 할 사업이었으나 여수시에는 그만한 예산이 없었다. 시내도로 확장과 교차로 건설은 지방비로 해야 한다는 규정 때문에 국가예산도 지원되지 못하고 있었다.

여수 시민들은 불만을 쏟아냈다.

나는 지도부에 요청해 최고위원회의를 광주에서 개최했다. 안상수 대표를 비롯한 당 지도부에 현장의 어려움을 알리고 해결방안을 마련하기 위해서였다.

그런데 그날 예기치 못한 불상사가 일어났다. 회의에 앞서 망월동 5.18 묘역을 참배하던 중 안 대표가 실수로 고 박관현 열사의 상석을 밟았다. 언론에서는 당 대표의 자질이 의심된다며 문제를 제기했고, 안 대표는 궁지에 몰리게 되었다.

상황이 그렇게 되자 나는 최고위원회의 대신 이 문제를 해결할 적임자를 찾았다. 김무성 원내대표였다. 때마침 기회도 생겼다. 나는 김무성 의원에게 2월 8일부터 사흘간 예정된 개헌을 위한 의원총회가 있는데 아마 이틀로 끝낼 수도 있다는 이야기가 최고회의에서 보고되는 것을 들었다. 최고회의가 끝나자 김무성 원내대표에게 "이틀에 끝나게 되면 남는 하루는 호남을 위해서 저에게 시간을 주시죠." 하고 제안했다. 여수행 비행기표를 사 놓고 기다렸는데, 다행히 예정대로 개헌의원총회가 이틀에 마무리 되어 여수에 가게 되었다.

여수엑스포를 성공적으로 개최하기 위해서는 개막전에 석창 교차로와 시내버스 정류장 진입로를 4차선화해야 하는데, 여기에 필요한 400억 정도의 예산을 정부에서 지원해 달라는 건의가 있었다.

시내도로 확장과 교차로 건설은 지방비로 해야 한다는 규정 때문에 국가예산이 지원되지 못하고 있는 상황인데, 여수시에는 그만한 예산이 없었다. 정부에서 예산 문제를 해결해 주지 않으면 여수엑스포를 보이콧하자는 운동이 벌어지고 있었고, '경상도 정권이 그 400억도 못 해주냐'는 식의 지역감정까지 조장될 위기로 치닫고 있었다.

정부는 고속도로와 철도 등 11조 5000억의 막대한 예산이 엑스포사업에 들어가는데 지방예산으로 해야 하는 것으로 법에 규정되어 있는 부분까지 떠맡을 수는 없다는 입장이었다. 1년 내내 답보 상태였다.

청와대부터 국무총리, 한나라당 대표에 이르기까지 모두 손을 놓고 있는 상황에서 마냥 시간만 흘러가고 있었다.

"여수시에서 건의한 현안이 있는데, 가서 보시죠. 보시고 꼭 해결해야 할 일이라고 생각되시면 열흘 안에 해결하겠다고 약속해 주십시오. 뒷바라지는 제가 하겠습니다."

여수로 내려가기에 앞서 나는 그렇게 부탁했다.

여수에 내려와 현장을 둘러본 김 원내대표는 "일주일 안에 해결 방안을 찾도록 하겠습니다."라고 말했다. 한술 더 떠 일주일 안에 해결하겠다고 약속한 것이다. 통이 크고 시원시원했다.

서울로 돌아온 우리는 곧바로 관계부처 차관회의를 열었다. 기획재정부, 행정안전부, 국토해양부 차관과 국무총리실 차장이 한자리에 모였다.

"이 문제가 해결되지 않으면 11조 5천억 원의 국가예산이 투입된 엑스포가 큰 차질을 빚게 됩니다. 국가에도 큰 누가 됩니다. 그러니 관계부처가 협의해 어떤 방법이 되었든, 해결 방안을 찾아 주십시오."

나는 규정에 얽매여 국가 대사가 차질을 빚어서는 안 된다고 강조하고, 모든 방법을 동원해 지원 방안을 찾아 달라고 요청했다. 김 원내대표는 시간이 없으니 일주일 안에 찾아내라고 다그쳤다.

나는 다시 지난 2개월 동안 진행되어 왔던 일들을 설명하고 지방예산으로 해야 한다고 법에는 규정되어 있지만 왜 중앙정부에서 지원해야만 하는가를 설명하고 일주일 안에 해답을 찾아 달라고 간곡히 요청했다.

며칠 후 연락이 왔다. 4개 부처 합동으로 방법을 찾은 결과 지원 가능한 예산이 200억 원이니 나머지는 전남도와 여수시가 100억씩 부담시켜 진행하겠다는 보고가 왔다. 이 정도면 큰 성과를 얻었다고 김무성 원내대표도 말씀하시고 해서 여수시장에게 전화를 걸어 상황을 설명했다.

여수시장은 고맙다며 몇 번이나 고마움을 표시하며 김무성 원내대표께도 감사의 뜻을 전했다. 그러나 오후에 여수시장으로부터 다시 전화가 걸려왔다.

"현장의 여론이…… 반만 해 주시려면 아예 안 하는 것만 못합니다. 400억 모두 해 주십시오." 하고 전화를 끊는 것이었다.

난감했다. 관계부처가 다 모여 찾아낸 결과였다. 정부에는 더 이상 기댈 언덕이 없었다. 김무성 원내대표에게도 더 이상 말씀드릴 입장이 못 되었다.

방법을 찾지 못하고 고심하고 있는 중에 청와대에서 2월 18일 최고위원 부부 초청 만찬이 생겼다. 새해를 맞아 덕담이나 나누자고 마련한 만찬이니 업무 얘기를 꺼낼 자리는 아니었다. 하지만 그 자리밖에는 다른 길이 없었다. 나는 마음을 굳히고 김 원내대표에게 지원을 부탁했다.

"청와대 만찬에서 제가 말씀드리겠습니다. 원내대표께서도 뒤에서 지원사격을 해 주십시오."

이틀 뒤 만찬은 편안하게 덕담을 주고받으며 이야기꽃을 피웠다. 나는 기회가 오기를 기다리다가 만찬이 끝나갈 무렵 대통령 곁으로 다가가 엑스포 문제를 거론했다.

"대통령님, 대통령님의 남은 재임 기간 중 가장 큰 국제 행사가 여수엑스포입니다…. 현재 마무리 공사가 한창인데, 버스 진입로와 교차로 공사가 차질을 빚고 있습니다. 규정상 지방비로 해야 하지만 지방비 예산이 없어 중앙에 지원 요청을 하고 있습니다. 원내대표와 함께 현장을 다녀와 방법을 찾아봤는데, 200억 원이 부족합니다."

대통령께서 묵묵히 듣고 계셨다.

"원내대표님, 말씀 좀 해 주십시오."

나는 김 원내대표를 돌아보며 지원을 요청했다. 그도 적극적으로 상황을 설명하고 지원을 간청했다. 덕담을 나누던 자리에서 갑자기 현안이 거론되자 다소 분위기가 어색해졌다. 하지만 달리 길이 없었다. 잠시 후 대통령이 비서실장에게 잘 검토해 보라며 힘을 실어 주셨다. 각고의 노력 끝에 나머지 200억도 추가로 지원받게 된 것이다.

여수시민들의 숙원사업인 버스터미널 진입로와 석창교차로 공사가 이루어지고 엑스포 준비도 차질 없이 진행되었다.

기금운용본부 이전

"민주당에서는 공약으로 발표했습니다. 여세를 몰아 김재원 의원의 기금운용본부를 공사로 독립시키는 법안 발의로 새누리당이 기금운용본부를 빼내 가려 한다고 공세를 퍼붓고 있습니다. 도민들도 민주당의 공세에 동조하며 의심의 눈초리를 보내고 있습니다……."

선거를 50여 일 앞둔 11월초, 김무성 선거대책위원회 총괄본부장과 자리를 마주한 나는 급박하게 돌아가는 전북의 민심부터 전했다.

김 본부장을 압박하기 위해서 한 말이 아니라 전북의 실제 분위기가 그러했다. 새만금에서의 지역화합특위 이후 우호적으로 변하던 분위기가 한순간에 가라앉았다.

"이 같은 우려를 불식시키지 못하면 선거에서 치명상을 입을 수 있습니다."

"그러니 만나자고 한 것 아닙니까?"

김 본부장 또한 나 못지않게 전북의 상황을 잘 알고 있는 듯했다.

"분위기를 바꾸기 위해서는 보다 강력한 조치가 필요합니다. 김 의원이 발의한 기금운용공사법에 '공사의 소재지를 전북으로 한다'고 명기해 주십시오. 그래야 위기를 기회로 만들 수 있습니다."

김 본부장은 말이 없었다. 법제화는 그에게도 쉽지 않은 일일 것이다. 당내에 많은 논란과 반발이 있을 것이다. 하지만 그 문제를 해결하지 않으면 전북의 민심을 돌릴 수 없다. 선거가 박빙의 접전으로 전개되는 상황에서 전북도민들의 이탈은 치명상이 될 수 있다. 그의 고민도 깊어지고 있었다.

김 본부장에게서 답변이 온 것은 일주일 쯤 지난 뒤였다.

"정 위원장 요청대로 기금운용본부 전북 이전을 법안에 명시하기로 했습니다."

그 말을 듣는 순간 나는 가슴 한 편 응어리가 풀리는 것 같았다. 하지만 기뻐하기에는 아직 일렀다. 이제 겨우 김무성 본부장이 법안을 발의하기로 마음을 정했을 뿐이다. 법제화까지는 갈 길이 멀다. 냉정을 되찾고 앞으로의 일을 생각했다.

먼저 해야 할 일은 대외적으로 알리는 것이다. 도민들 앞에서 분명하게 약속해야 신뢰를 높일 수 있다. 그러기 위해서는 김무성 본부장이 직접 전주로 내려와 기자회견을 하는 것이 보다 효과적일 것이었다.

"본부장님께서 직접 전주로 내려와 발표해 주시면 도민들도 진정성을 믿고 신뢰할 것입니다. 바쁘시더라도 꼭 시간을 내 주십시오."

마침내 11월 22일 입법 발의한 김재원 의원과 함께 전북도청 기자실에서 기자회견을 하기로 날짜를 잡았다.

그러나 선거가 종반으로 치닫는 시기였다. 1분 1초가 아쉬운 판에 선거를 책임지고 있는 총괄본부장이 하루 시간을 낸다는 것은 결코 쉬운 일은 아닐 것이다. 확실하게 못을 박아야 한다는 생각에 나는 며칠 후 다시 연락을 취했다. 그러나 바쁜 일정에 시달리던 보좌관도 내 전화를 잘 받지 않았다.

나는 생각을 바꿨다. 어차피 전화로 될 일이 아니다, 직접 만나야 한다. 그러나 선거 막바지라 이제는 김 본부장과 직접 통화하는 것조차 어려웠다. 만나기는 더욱 불가능한 상황이었다.

기회를 보고 있던 중 11월 17일 오후 인천 송도의 컨벤션센터에서 박근혜 후보의 비전 선포식이 열리니 참석하라는 연락을 받았다. 김무성 본부장도 틀림없이 참석할 것이다. 만남의 기회가 온 것이다.

저도 차 좀 타겠습니다

비전 선포식이 열리는 인천 송도 컨벤션센터. 나는 비전 선포에는 관심이 없었다. 김무성 본부장을 만나 확실한 담판을 지을 시간과 장소가 필요했다. 선포식이 끝나면 인천에서 여의도로 갈 것이다. 그 차에 동승해 김 본부장과 함께 가기로 마음을 먹고 주차장에 있는 김 본부장 승용차의 위치를 확인했다.

비전 선포식이 끝난 뒤 서둘러 주차장으로 나와 김 본부장의 자동차 옆에서 무작정 기다렸다.

선포식이 끝나고 별도의 일정이 있는지 김 본부장은 한참을 기다려도 나타나지 않았다. 마침 날씨가 몹시 추웠다. 한 시간쯤 지났을까? 멀리서 그가 다가오는 것이 보였다.

"아니, 정 위원장! 추운데 여기서 뭐하시는 겁니까?"

"본부장님을 꼭 만나야 하니 여기서라도 기다릴 수밖에요. 벌써 한 시간이 넘었습니다. 저도 차 좀 얻어 타겠습니다."

아니, 이 사람, 이런 무데뽀가……. 예상치 못한 나의 행동이 당혹스러운지, 그는 말을 잇지 못했다.

승용차에 타고 한참 동안 서로 말이 없이 차창만 보면서 달렸다. 김 본부장도 왜 내가 이런 무례를 행하는지 알고 있을 터인데, 굳이 말이 필요 없었다.

한참이 지난 뒤 그가 시선을 거두고 핸드폰을 꺼내 들었다.

"김 의원, 22일 아침 9시 반까지 전북도청으로 오세요. 옆에 정운천 위원장이 있는데, 전주에 가지 않고는 안 되게 생겼어요."

입법발의를 한 김재원 의원에게 함께 내려갈 것을 요청하는 전화였다. 나는 안도의 한숨을 내쉬었다.

나는 LH공사 진주 이전으로 1주일 동안 석고대죄를 하면서 절치부심했다. 이제 LH공사보다 몇 배나 큰 국민연금공단 기금운용본부를 전북으로 이전하기 위해 뛰고 있으니 조금은 마음의 위안이 되었다. 기자회견 하루 전 김무성 본부장의 보좌관에게 내일 전주 일정이 잡혀 있는지 확인해 보았다. 그러나 보좌관은 "대선 종반전으로 접어들어 1분 1초가 급하여 유동적입니다."라고 대답했다.

'아직도 확정적이지 않다면 어떻게 하나?'

고민하고 있는데, 서울에서 저녁 8시에 전국선대위원장 회의가 있어 상경하였다. 그러나 나의 머릿속은 내일 김본부장이 전주에 확실히 내려오느냐 하는 문제로 꽉 차 있었다. 회의를 마치고 나오는 김무성 본부장에게 다짐하듯이 물었다.

"본부장님, 내일 9시 반 기자회견 꼭 오시는 거죠?"

"기자회견 내용 줘 보세요."

격무에 지친 듯 그가 퉁명스럽게 말했다.

"아차, 아직 준비 안 되었습니다."

경황이 없어 회견문에 대해서는 까마득히 잊고 있었다.

"뭐예요? 그럼 나보고 회견문까지 준비하라는 거예요?"

김 본부장이 버럭 화를 냈다.

선거가 막바지에 이르면 일정이 변경되고 취소되는 일이 다반사로 벌어진다. 비서진에서 다음날 있을 기자회견문을 챙기지 않은 것으로 보아 전주에 내려올 준비가 안 되어 있는 상황이었다. 사실 내가 주도해서 몰고 간 일정이기에 회견문 준비는 내가 했어야 하는 일이었다.

"기자회견문은 제가 내일 시간 전에 확실히 준비할 테니 걱정 마시고 오십시오."

"내일 아침 7시에 출발하겠습니다."

그의 퉁명스러운 말에도 나는 안도의 한숨이 나왔다.

함거에서 석고대죄하면서 얼마나 절치부심하였던가. 그때의 일이 주마등처럼 스치고 지나갔다.

김무성 본부장의 전주 일정을 확정하고 나니 밤 12시였다. 다시 발길을 여의도에서 전주 도당으로 돌렸다. 사무처 직원에게 전화를 걸어 비상 대기시키고 차내에서 회견 내용을 지시하며 작성하도록 했다. 새벽 3시경 도당에 도착해 보니 기자회견문이 어느 정도 준비되어 있었다. 마무리하고 나니 새벽 5시가 넘었다. 사무실 의자에 기대어 잠시 눈을 붙인 다음 7시경 탄천휴게소를 향해 출발했다.

8시경 탄천휴게소에서 김 본부장을 만나 그의 차로 옮겨 탔다. 김 본부장과 차내에서 회견문을 최종 조율하며 9시 10분경 전북도의회 기자실에 무사히 도착했다. 김재원 의원은 대구에서 출발하여 이미 도착해 있었다. 9시 30분, 역사적인 기자회견이 시작되었다. 김무성 총괄본부장, 김재원 의원, 그리고 나와 전북 당협위원장들이 함께 지켜보고 있었다.

"새만금개발청과 기금운용본부 전북 이전으로 전북의 미래를 디자인합니다."

기금운용본부의 전북 이전이 비로소 법으로 첫출발하는 날이었다. 기자회견이 끝난 후 전주 시내 곳곳에 회견 관련 현수막 100장을 걸었다.

절치부심이 성과로

김무성 본부장의 기자회견에 대해 지역사회와 민주당의 반응은 극명하게 엇갈렸다. 지역사회에서는 '민주당이 대선공약으로 채택한 데 이어 새누리당 또한 법제화를 통한 이전을 약속했다'며 크게 환영하면서 'LH공사 유치 실패로 좌절감에 젖어 있는 도민들에게 새로운 기대와 희망을 주었다'고 평가했다.

반면 민주당은 '새누리당이 졸속으로 공약 베끼기에 나서 도민들을 우롱하고 있다'며 비난을 퍼부었다. 또 '현행 국민연금법 조항만으로도 대통령의 결단만 있으면 추진할 수 있는 일을 법으로 명시해 국회 동의까지 받아야 할 사안으로 만든 의도가 의심스럽다'며 '공공기관 소재지를 법으로 정하는 경우는 없다'고 지적했다.

특히 법제화를 추진하는 것에 대해서는 대선 기간 동안에 끈질기게 물고 늘어졌다. 언론 인터뷰나 방송 토론회에 나와 '정관만 바꾸면 되는 것을 왜 법으로 하겠다는 것이냐?'며 공세를 계속했다.

하지만 앞에서도 언급했듯 법제화가 가장 확실한 방법이다. 나는 장관직을 역임하면서 중앙행정을 경험했다. 논란이 크고 반발이 심한 일은 누구도 책임지려 하지 않는다.

특히 수많은 관계사가 연관되어 있는 기금운용본부 이전 같은 일은 더더욱 그러하다. 대선 공약으로 채택해도 실천하기가 어려운 것이 바로 이런 일이다. 그래서 사학연금공단이나 공무원연금공단도 기금운용본부는 서울에 남겨두고 공단만 이전하는 것이 아닌가?

부산으로 이전한 한국거래소의 경우처럼 법으로 명기해야 한다. 그래야 대선 결과에 관계없이 추진할 수 있다.

대선이 끝난 후 새정치민주연합이 새누리당에서 법안발의와 현수막을 걸어 놓은 것을 무기로 압박해 들어갔다.

양당의 각고의 노력과 진통 끝에 2013년 6월 27일 기금운용본부 전북 이전 등을 골자로 하는 국민연금법 개정안이 국회를 통과했다. 길고 지루한 진통 끝에 마침내 기금운용본부의 전북 이전이 확정된 것이었다.

대선 기간 동안에 전북도의회 기자실에서 가졌던 기자회견이 계기가 되어 이렇게 기적 같은 일이 벌어질 것이라고는 아무도 상상하지 못한 일이었다. 전년도에 새만금개발청 설립을 골자로 한 새만금특별법 개정안이 통과된 데 이어 또 하나의 숙원사업이 결실을 보게 된 것이다.

특히 기금운용본부 유치는 전라북도와 도민들에게 특별한 의미가 있다. 2년 전 LH공사 유치 실패의 아픔을 딛고 이루어낸 결과이기 때문이다.

새만금개발청 설립과 기금운용본부 유치. 전북의 2대 현안이자 도민들의 숙원사업이 연이어 해결된 것은 대선이라는 특수상황에 힘입은 바 크다.

그러나 그것이 전부는 아니다. 여야의 협력이 크게 기여했다고 할 수 있을 것이다. 여당과 야당, 야당과 여당이 전북 발전을 위해 뜻을 모으고 힘을 합쳤기 때문이다. 특히 전북에 국회의원

한 명 없는 새누리당이 한 축을 담당했다는 점을 언론에서는 높게 평가했다.

5장

새로운 도전, 19대 총선

내가 선택한 길

"비례대표 어떻습니까? 농업계에 기여를 많이 하신 농민 대표이시고 당에도 충분히 공헌을 하셨습니다. 게다가 취약 지역인 호남 대표이시니……."

19대 총선이 10개월 앞으로 다가온 어느 날, 중앙당에서 비선을 통해 의향을 물어왔다. 비례대표를 신청할 생각이 있느냐는 것이었다.

지역구 출마와 비례대표, 순간 나는 마음이 흔들렸다. 당선 가능성이 제로에 가까운 전북이었다. 금배지를 목표로 한다면 두 말할 필요 없이 비례대표를 신청해야 한다. 하지만 내가 원하는 것은 지역장벽을 넘어 여야가 공존하는 정치구조를 만드는 것이다. 쌍발통 전북을 만들어 멈춰 선 전북의 수레바퀴를 앞으로 나아가게 하는 것이다. 그러기 위해서는 힘이 들어도 지역구 의원이 되어야 한다.

물론 비례대표를 통해 국회에 입성해도 그러한 목적을 실현하는 데 도움이 될 것이다. 하지만 한계가 있다. 도민들의 지지에 기반하지 않았기에 일을 하는 데 힘이 실리지 않는다. 지난해 지명직 최고위원으로 일하면서 나는 그것을 체험했다.

지난날을 돌아보았다. 내 인생의 중요한 선택의 순간마다 나는 늘 '가야만 하는 길'을 선택했다.

키위 재배 농민들과 힘을 합쳐 시장개방에 맞서 싸운 일, 광우병 사태 때 광화문 광장에서 촛불시위 군중과 마주했던 일, 새누리당 후보로 전북지사 선거에 출마한 일 또한 그러했다.

2008년 5월부터 약 4개월 동안 미국산 소고기 협상 결과에 반대하는 시위로 온 나라가 떠들썩했던 광우병 사태를 기억할 것이다. 당시 나는 농림수산식품부 장관직을 수행하고 있었다. 시간이 지나며 시위가 과격해졌다. 정상적인 방법으로는 더 이상 시위대와의 소통이 불가능했다. 결국 나는 10만여 명이 몰려 있는 광화문 시위 현장을 찾아갔다. 물병이 날아오고 옷이 찢겨나갔다. 안경이 떨어져 앞이 희미했다. 흥분한 군중의 아우성 소리와 매서운 눈빛 앞에서 생명의 위협마저 느꼈다. 하지만 주위의 반대를 무릅쓰고 나아갔다.

무슨 일이든 다 때가 있는 법. 나아갈 때 나아가야 되고 물러나야 할 때 물러날 줄 아는 것이 모든 것의 으뜸이다.

지금의 선택 또한 당선 가능성은 없지만, 그래도 그 길을 가야 한다. 얼어붙은 도민들의 가슴을 녹이는 일은 머리가 아닌 따뜻한 가슴으로 품어야 한다. 그리고 기약할 수 없는 시간이 필요하다. 얼마만큼의 시간이 걸릴지 기약할 수 없다고 할지라도 일단 정치에 발을 들여놓은 이상 가장 가치 있는 일에 모든 것을 걸어야 한다.

전북에는 11개의 지역구가 있다. 총선 출마를 위해서는 지역구 선택이 또 하나의 과제로 다가왔다.

처음에는 고창/부안 선거구를 고려했다. 고창은 나의 고향이며 태어나 중학교까지 학창시절을 보낸 곳이다. 그만큼 표를 얻는 데 유리할 것이었다.

하지만 나는 전주 '완산을'을 선택했다. 전주 신시가지가 조성되고 도청, 교육청, 경찰청 등 정부 관계 기관이 들어선 데다 혁신도시까지 들어간다. 종로가 서울의 정치 1번지라면 완산을은 전북의 정치 1번지다. 전북을 대변하려면 이곳을 선택하는 것이 내가 나아가야 할 길이다.

나는 주저하지 않고 완산을을 선택하는 결단을 내렸다.

시민 속으로 녹아들다

그해 10월 서울 생활을 정리하고 전주로 내려왔다. 지역구인 완산구 효자동에 집을 얻어 자리를 잡았다. 바닥 민심을 알아보기 위해 상설 재래시장인 서부시장을 찾았다.

"안녕하세요? 정운천입니다."

장사를 하시는 아주머니 한 분께 인사를 드리며 명함을 건넸다.

"아, 예~."

웃는 얼굴로 화답한 아주머니는 받아든 명함으로 시선을 돌렸다.

"에잉? 한나라당?"

명함을 보던 아주머니가 불편한 기색으로 나를 쳐다보았다.

"예. 한나라당 후보 정운천입니다."

나는 두 손으로 아주머니의 손을 잡았다. 그러자 아주머니는 슬그머니 손을 빼고 시선을 돌렸다.

아주머니만 그런 것이 아니었다. 경로당의 어르신들도, 거리에서 마주친 젊은이들도 정도의 차이가 있을 뿐 비슷한 반응이었다. 더는 내 말을 들으려 하지 않았다. 한나라당에 대한 거부감이 뼛속까지 녹아 있었다. 한 달 가까이 거리를 돌아다니며 시민들을 만났지만 돌아오는 것은 한숨뿐이었다. 2년 전 전북지사 선거에서 20%에 가까운 지지를 받은 만큼 민심도 많이 달라졌을 것이라 생각했는데, 착각이었다. 한나라당에게 전북은 여전히 황무지였다.

어느 정도 예상은 했지만 직접 부딪쳐 보니 회의감이 밀려왔다. 너무 무모한 결정이었을까? 지금이라도 비례대표로 돌아설까?

그렇게 사흘이 지났다. 답답한 마음에 옥상으로 올라갔다. 난간 가까이 다가가자 전주 시내가 한눈에 내려다 보였다. 35년 전

대학을 졸업하고 해남으로 내려가 처음 농사를 시작했을 때를 회상해 보았다.

키위 재배를 시작하면서 나는 농민들을 하나로 묶어 조직을 만들려고 마음먹었다. 이제 막 국내에 도입된 키위 재배를 성공시키기 위해서는 농민들이 하나로 뭉쳐야 한다고 생각했다.

그러나 생각처럼 쉽지 않았다. 농민들은 연령과 학력, 생활수준 등 모든 면에서 차이가 많았고, 좀처럼 마음을 열려고 하지 않았다. 서울에서 대학을 졸업하고 내려온 나는 외부인이요 경계의 대상이었다.

나는 농장 옆에 비닐하우스를 짓고 그 안에 벽돌을 쌓아 작은 방 세 칸을 만들었다. 하나는 어머님 방으로, 다른 하나는 주방으로 사용했다. 나머지 하나는 내 방 겸 사무실로 사용했다. 비닐하우스 위에는 검은 망으로 덮개를 씌어 더위를 식히고 바람에 비닐이 찢기는 것을 방지하였다. 그리고 여느 농부와 같이 농사일을 하며 농촌생활을 시작했다. 그러나 1년의 세월이 흘러도 이웃들은 나를 쉽게 받아주지 않았다. 늘 의심의 눈초리였다. 언제 다시 떠날지 모르는 사람이라고 생각한 것이다.

그러던 1987년 7월 15일 오후. 한반도가 태풍 셀마의 영향권에 들어갔다. 먹구름이 짙어지며 빗줄기가 굵어졌고 바람도 점점 강하게 불었다. 저녁이 되자 여린 나뭇가지들이 꺾여 나가기 시작했다. 날이 어두워지고 더는 농장에 서 있을 수가 없어 방에 들어가 태풍이 무사히 지나가기를 기다리고 있었다.

그런데 12시경 주방 쪽 비닐하우스가 찢겨 나가는 소리와 함께 가재도구들이 요란하게 나뒹굴었다. 나는 밖으로 나가 찢어진 비닐하우스를 수습해 보려 했으나 역부족이었다. 이내 어머님 방과 사무실 쪽 비닐이 연이어 찢겨 나갔다. 곧 비닐 지붕 전체가 한순간에 날아가며 전기가 끊겼다. 한 치 앞도 보이지 않는 암흑이 되었다. 우선 농장 모퉁이에 세워놓은 트럭에 어머님을 태워 읍내로 피신시키고 농장으로 돌아와 트럭 안에서 밤을 새웠다.

새벽녘 바람이 잦아들며 갈라진 구름 사이로 희미하게 동이 트고 있었다. 6,000평의 키위 농장은 쑥대밭이 되었다. 4년간 혼신의 노력으로 키운 농장이었다.

망연자실하고 있을 때 이웃들이 찾아오기 시작했다. 동병상련이라 했다. 그들 또한 지난 밤 태풍으로 적지 않은 피해를 입었지만 머물 곳조차 없는 나와 어머님의 처지를 안타깝게 여기고 여러모로 도움을 주었다. 이웃 주민들에게 나는 더 이상 이방인이 아니었다.

5년 5개월이란 짧지 않은 시간을 농민들과 하나가 되어 고락을 함께한 끝에 그들의 마음을 얻을 수 있었다. 신뢰가 바탕이 되어 수입개방의 위기를 극복하고 오늘의 참다래 산업을 이룩할 수 있었다.

'그래, 그 시절 농부의 마음으로 다시 한 번 시민과 하나가 되어 보자.'

나는 몸을 추스르고 거리로 나갔다. 주민들과 함께 새벽체조를 했다. 천변을 함께 걸으며 낡아서 보수가 필요한 운동기구에 대해 이야기를 나누었다. 가을녘 갈대밭에서 함께 사진을 찍고, 최강희 감독의 이름이 새겨진 유니폼을 입고 '오, 필승 전북'을 외치며 젊은이들과 함께 전북 축구를 응원하기도 하고, 시민들과 함께한 추억이 하나둘 쌓여갔다.

들뜬 마음으로 시민들과 함께 멋진 황방산 둘레길을 조성하는 구상을 하기도 하고, 주택가 모퉁이 정자에 앉아 매미소리 들으며 살아온 세월의 길이만큼이나 무거워진 어르신들의 어깨를 주물러 드리기도 했다. 주머니에 고이 간직한 사탕 한 개를 꺼내 주시던 한 할머니의 모습에서는 막내를 두고 차마 눈을 감지 못하셨던 돌아가신 나의 어머니를 보기도 했다. 일과를 마치고 허름한 가맥집에서 시민과 함께 마시는 막걸리 한잔의 정겨움 속에는 세상살이 푸념도 들어 있었다.

이 골목 저 골목 차례차례 돌아다니며 시민들과의 만남을 이어갔다. 시내버스 기사, 구두 수선사, 마트 종업원, 달동네 모퉁이 작은 미용실에서 일하시는 분까지, 어려운 환경에서 묵묵히 일하시는 분들과 함께했다.

그렇게 한 걸음 한 걸음 나는 시민들 곁으로 다가갔다.

단 한 명만이라도 바꿔 주십시오

11 : 0

231 : 0

전북의 정치구조를 단적으로 보여주는 수치다. 11개 지역구 국회의원 중 집권여당인 한나라당은 단 한 석이 없다. 도지사, 시장, 군수, 도의원, 시 · 군 의원 등을 비롯한 230개 도내 선출직 의석 중 한나라당은 단 한 명도 없다. 민주화의 성지라는 전북에서, 민주주의의 꽃이라는 선거에 의해 만들어진 이 완벽한 독점. 아이러니가 아닐 수 없다.

물은 고이면 썩는다. 30년 동안 지속된 일당의 독주는 필연적으로 여러 가지 병폐를 양산했다. 무엇보다 '주민을 위한 정치'가 사라졌다. 공천만 받으면 당선이 되는 정치구조에서 지역 발전이나 민생을 위한 정치는 뒷전이 된다. 공천권을 쥐고 있는 지도부의 눈치를 살피고 비위를 맞추는 것이 먼저다. 그 결과 5대 도시의 영광을 자랑하던 전주의 모습은 사라졌다. 고향을 떠나고 싶어 하는 도민이 늘고 있으니, 어쩌다가 내 고향 전북이 이렇게 되었는가? 한숨이 절로 나왔다.

'시작이 반'이라고 했다. 전북의 발전을 위해서는 무엇보다 먼저 일당 독주의 벽을 허물어야 한다. 이번 선거에서 집권당인 한나라당 의원을 한 명이라도 당선시켜 변화의 물꼬를 터야 한다. 한 명이라도 바꿔야 한다.

한나라당에는 열심히 하면 당선될 수 있다는 희망을 심어 주고, 민주당에는 공천을 받는다고 무조건 당선되는 것이 아니라는 경각심을 일깨워 주어야 한다. 지도부를 향한 시선과 발길을 지역과 주민 쪽으로 돌리게 해야 한다. 그래야 지역장벽이 허물어지고 전북이 발전할 수 있다.

"바꿔 주십시오! 그래야 전북이 달라질 수 있습니다!"

선거기간 내내 나는 간절히 호소했다. 거리에서 지나가는 시민들을 붙들고, 시장이나 상가를 찾아가 상인들의 손을 잡고, 방송 토론이나 언론 인터뷰에서 도민들을 향해 변화의 물꼬만이라도 터 달라고 간청했다.

"충남은 3당이 균형을 이루어 과학벨트, 세종시 건설 등 큰 발전을 이끌어 냈습니다. 영남에서도 쌍발통 통로가 열리고 있습니다. 영남 출신 인사들이 민주당 지도부에 입성했고, 문재인, 조경태 후보 등 야당의원도 서너 명 탄생할 것으로 전망됩니다. 이제 지역에 기반한 정치구조는 허물어지고 있습니다. 우리 전북에서도 집권당 의원이 나와야 합니다. 그러지 못하면 전북은 또 다시 외로운 섬으로 고립될 것입니다……."

유세는 물론 명함, 현수막, 예비홍보물, 선거공보, 온라인 홍보, SNS 등 모든 홍보활동 또한 '단 한명만이라도……'를 인식시키는 데 주력했다. '전북 발전을 위해 한 명만이라도 바꾸자'는 범도민 캠페인을 전개했다. 그렇게 8개월이 흘렀다. 하늘도 무심하지 않았는지 시민들의 마음이 조금씩 움직이고 있었다.

공식 선거운동 기간에 서부시장을 다시 찾았다. 8개월 전 처음 시장을 찾았을 때 만났던 아주머니를 다시 만났다.

"또 오셨네요!"

나를 알아보고 아주머니가 먼저 말을 건네주었다. 한나라당 명함을 보고 크게 놀라던 예전 모습이 아니었다.

"이렇게 반겨 주시니 고맙습니다."

나도 가까이 다가가 손을 맞잡았다.

"한나라당 의원도 만들어 주셔야 전북에 미래가 있습니다. 이번에는 단 한 명이라도 바꿔야 합니다."

아주머니와 대화를 나누는 사이, 주위에 있던 상인들도 거들었다.

"이제 당 안 따져요. 일할 사람 뽑아야지."

"옛날에 달구지에 있는 거 봤어요. 무슨 저런 쇼가 있나 싶었는데, 차츰 달리 생각되더라고요."

내가 함거에 들어가 있던 장면을 기억한 듯했다. 명함 한 장 건네기 힘들었던 8개월 전과는 다른 모습이었다. 민심이 바뀌고 있었다.

가족과 함께 가다

"이제 사모님이 후보님보다 더 유명한 것 같아요."

"마트보이 용훈이는 지금 롯데마트 앞에 있고요, 다은이는 삼천시장에서 열심히 명함 나눠 드리고 있어요."

예비후보로 등록하고 선거운동을 시작한 지 얼마쯤 지나자 사무실을 드나드는 지인들의 입에서 가족 얘기가 나왔다. 열심히 지역구를 돌며 시민들을 만나 지지를 부탁한다는 것이었다.

남편과 아버지 때문에 아내와 두 아이가 고생을 하고 있다 생각하니 가슴 한구석이 뭉클했다. 아내는 물론 아이들까지 발 벗고 나섰는데……. 힘이 부칠 때마다 나는 함께 뛰고 있는 가족들을 생각하며 새로 힘을 얻었다.

선거법에 의하면 예비후보 단계에서는 직계존비속 가족만이 선거운동을 할 수 있다. 아내와 자녀, 혹은 부모만이 명함을 돌리고 지지를 부탁할 수 있는 것이다.

전북은 한나라당의 황무지다. 한나라당 후보라면 인사도 받지 않고 고개를 돌리는 분들이 많다. 더러는 명함을 던지며 거친 욕을 하기도 한다. 그런 주민들에게 나를 알리고 지지를 이끌어내기 위해서는 배전의 노력이 필요하다. 세 번 네 번 찾아가 설득해야 한다.

그러니 나 혼자의 힘으로는 한계가 있다. 발이 닳도록 돌아다녀도 하루에 몇 백 명밖에 만나지 못한다. 그런 상황에서 아내와 자녀의 도움은 천군만마나 다름이 없다. 단순 계산해도 네 배의 효과가 아닌가? 마음으로도 위안이 되고 의지가 되었다.

아내는 2년 전 전북지사 선거 때부터 나를 도와주었다. 떨어질 것이 뻔한 남편의 선거운동을 돕기 위해 27년 간 몸담아 왔던 교직마저 그만두고 함께 내려왔다.

이번에도 아내는 가장 든든한 지원자가 되어주었다. 노인회관이나 장애인복지센터의 봉사활동, 시장, 상가, 지역구의 작은 골목골목까지 모두 찾아다녔다. 비가 오나 눈이 오나 하루도 거르지 않았다. 늦은 밤 캠프에 돌아오면 참모들에게 민심을 전달해 주었다. 현장을 상세히 알고 있기에 아내가 주는 조언은 선거 전략이나 긴급 상황에 대한 대응 방안을 선택하는 데 많은 도움이 되었다.

대학에 다니는 두 아이가 학교를 휴학하고 선거를 돕겠다고 했을 때 처음에는 나도 아내도 만류했다. 학업에 충실하라는 뜻에서였지만, 무엇보다도 한나라당에 대한 시민들의 차가운 시선과 냉대를 아이들이 감당할 수 있을까 싶었다.

2011년 12월 19일 한나라당은 당의 전면적 쇄신을 기치로 하여 '새로운 나라', '새로운 세상'을 뜻하는 새누리당으로 당명을 바꾸었다.

"아버지가 혼자 너무 외로우시잖아요."

아이들이 재차 청했을 때 더는 말리지 못했다.

아이들은 열심히 활동했다. 아들은 마트나 식당거리를 맡고, 딸은 상가골목을 맡았다. 아침이면 네 식구가 함께 출근길 인사를 하고 이후에는 각자의 일정대로 유권자를 만났다. 저녁에 돌아와서는 하루의 일을 이야기하며 서로를 위로하고 격려했다.

시민의 반응에 대해 초기에는 부정적인 내용이 많았다. 인사를 드리고 명함을 건네면 면전에서 집어던지는 분, "여기가 어딘데 한나라당 후보가 나오느냐"며 버럭 소리를 지르는 분, 술에 취해 욕설을 퍼붓는 분…….

딸은 눈물이 났지만 아버지를 생각해 꾹 참았다고 했다.

하지만 언제부턴가 아이들의 반응이 달라졌다. 이제는 먼저 알아보고 격려해 주시는 분, 상가에 들어가면 커피를 타 주며 힘내라고 어깨를 두들겨 주시는 분…….

자신들의 눈에도 민심의 변화가 보인다며 나보다 더 기뻐하기도 했다.

언젠가 내가 한 상가에 들렀을 때 중년의 한 여성 유권자가 이렇게 말했다.

"사실 난 정치 잘 모르고, 정운천이라는 사람에 대해서도 잘 모릅니다. 다만 딸이라는 아이가 '아빠를 꼭 뽑아 달라.'며 명함을 주는데, 누가 시켜서는 할 수 없을 것 같은 진심이 느껴졌어요. 자식의 존경을 받는 부모라면 믿어 볼 만하다고 생각하고 정 후보님을 지지할 생각입니다."

나를 위해 최선을 다하고 있는 아이들이 고맙고 미안했다.

투표를 하루 앞둔 4월 10일, 우리는 선거사무실 옆 홈플러스 주차장에서 선거운동을 마무리하는 마지막 행사를 열었다. 이름하여 주민들과 함께하는 가족콘서트. 선거운동을 마무리하며 가족들의 마음을 전하기 위해 마련한 자리였다.

그동안의 노력이 주민들의 마음을 움직인 것일까? 행사장에는 1천여 명의 주민들이 모였다. 잔잔한 색소폰 연주와 함께 유세차에 오른 우리 네 식구는 차례로 마이크를 잡고 간곡하게 지지를 호소했다.

중앙 정치인 가운데는 원희룡 의원 한 분만을 초청했다. 그분은 내가 최고위원으로 일하던 시절에 사무총장이었다. 호남발전특위를 만들었을 때 배지 없는 최고위원인 나를 위원장으로 하고 3선 의원이면서 사무총장인 자신이 기꺼이 부위원장을 맡아주었다. 그런 인연으로 선거운동을 마무리하는 자리에 꼭 모시고 싶어서 부탁을 드렸고, 기꺼이 와 주셨다. 원 의원과 우리 가족, 그리고 주민들은 서로 부둥켜안고 '사랑으로'를 합창했다.

8개월 전만 해도 새누리당이라면 쳐다보지도 않던 주민들이었는데, 실로 엄청난 변화였다. 투표를 앞두고 실시된 마지막 여론조사에서는 내가 10% 이상 앞서는 것으로 나타났다. 얼어붙은 주민들의 마음이 조금씩 녹고 있었다.

이상한 선거운동

"기호 ○번 ○○○! 기호 ○번 ○○○!"

유니폼을 차려입은 운동원들이 모여 한 목소리로 외쳐 대는 구호. 뒤이어 울려 퍼지는 요란한 음악소리와 율동. 그에 뒤질세라 맞은편 유세차에서 흘러나오는 상대 후보의 선거송과 똑같은 춤…….

선거철만 되면 거리 곳곳에서 판박이처럼 연출되는 진풍경이다.

후보자 입장에서 보면 그것이 최선의 방법인지도 모른다. 최대한 많은 유권자에게 얼굴과 이름을 알려야 하니, 눈길을 끌고 귀를 자극하는 일에 매달릴 수밖에 없다. 선거관리위원회에서 선거운동의 보편적 방법으로 인정하고 있는 것도 그 때문일 것이다.

2년 전 전북지사 선거에 나섰을 때 나 또한 똑같은 선거운동을 했다. 율동팀을 동원해 노래를 부르고 춤을 추며 유세를 벌였다. 선거송을 만들어 도민들의 귀를 자극하고, 유세차에 영상을 띄워 그동안의 활동 내용을 알렸다. 상대 후보에 뒤지지 않도록 열심히 구호를 외치고 노래를 부르게 했다.

선거운동이 중반으로 접어들었을 때, 나는 그것이 대답 없는 메아리라는 것을 알게 되었다. 어쩌다 유세차 주변을 돌면서 유심히 살펴보니 동조하고 환호하는 사람들은 일부 지지자들뿐이었다. 대다수 주민들은 관심이 없었다. 귀를 막고 고개를 돌리기도 했다.

나는 참모들을 시켜 며칠 동안 시민들의 반응을 조사했다. 결과는 같았다. 부정적인 반응이 더 많았다. 시끄러우니 제발 좀 조용히 해 달라……. 선거운동이 주민들과 괴리되어 후보자와 그 관계자들만의 잔치가 되고 있었다.

후보 등록을 마치고 선거운동을 준비하면서 같은 방식의 선거운동은 되풀이하지 말아야겠다고 생각했다.

선거운동은 결국 주민들의 마음을 얻기 위한 것이다. 눈살을 찌푸리고 등을 돌리게 하는 방식으로 어떻게 주민들의 마음을 얻을 수 있겠는가? 더구나 나는 새누리당의 불모지인 호남의 텃밭 전주에서 싸워야 한다.

역지사지라고 했다. 나는 참모들과 함께 주민들 입장에서 방안을 모색했다. 내가 유권자라면 어떤 방식의 선거운동을 원할까? 후보자가 어떤 선거운동을 벌이면 유권자에게 잔잔한 감동을 줄 수 있을까?

나는 선거운동의 큰 방향을 봉사활동으로 바꾸었다. 비록 짧은 기간이지만 시민이 진정으로 필요로 하는 일을 하면서 시민의 마음을 얻는다면 더욱 보람 있는 일이리라 생각했다. 특히 본선거운동 약 13일 간은 특정 인원의 선거사무원 활동비를 국가가 지원한다. 국민의 세금으로 선거운동을 하는 셈이다.

국회의원 선거에 처음으로 출마하여 이름 한 번이라도 더 알려야 하는 내 입장에서 봉사활동 방식의 선거운동은 모험이기도 했다. 하지만 선거운동 기간 내내 지역 구석구석 일손이 필요한 곳을 찾아가 지원하는 봉사활동은 계속되었다.

"도대체 선거를 하는 겁니까? 마는 겁니까?"

"저쪽은 밴드까지 동원해 대대적으로 홍보하고 있는데, 우리는 뭘 하고 있는 겁니까?"

공식 선거운동이 시작되자 선거 사무실에는 지지자들의 전화가 빗발쳤다.

그 시각 우리 선거운동원들은 교량 밑에 방치되어 있는 쓰레기 더미를 치우고 전봇대에 붙어 있는 스티커를 제거했다. 자연마을로 달려가 농사일을 거들었다. 겨우내 빨지 못한 독거노인의 이불을 빨아드리고, 작은 화단에 꽃도 심어 드렸다.

불교에서 인생이란 '고(苦)'라고 했던가? 소외된 곳에서 고달픈 삶을 사시는 분들이 정말 많았다. 병마, 신체적 장애, 경제적 어려움 등으로 인고의 생활을 이겨 내신 분들께 잠시나마 위로가 되고 도움을 드릴 수 있는 선거방법을 택한 것이다.

봉사활동으로 대신한 선거운동이 득표에 얼마나 도움이 되었는지는 알 수 없다. 하지만 주민들 마음에 한 발 더 가까이 다가갔다는 것만은 확신할 수 있다. 그렇게 한 걸음씩 나는 주민들 곁으로 다가갔다.

여론은 벽을 넘었는데

4월 11일. 출구조사 결과가 발표되는 오후 6시가 가까워지면서 개표상황을 지켜보기 위해 마련한 상황실은 지지자, 기자, 방송 관계자 들로 붐볐다. 당직자들은 처음 보는 낯선 풍경에 고무되어 있었다.

그동안 전북에서 새누리당은 개표방송에 관심이 없었다. 결과가 뻔하니 지켜볼 필요가 없었던 것이다. 상대는 90% 이상의 지지를 받으며 환호할 때 새누리당 후보는 언제나 한 자리 수다. 능력도, 일에 대한 열정도, 사람 됨됨이도 아무 상관이 없다. 새누리당 후보라는 이유만으로 그냥 한 자리 수 득표의 성적표를 받는다. 아무리 각오를 하더라도 결과를 대하는 상실감은 이루 말할 수 없다. 그러니 개표방송을 외면하고 싶은 것이다.

하지만 이번에는 달랐다. 특히 내가 출마한 완산을은 박빙의 승부가 예상되고 있었다. 투표를 앞두고 실시된 마지막 여론조사에서는 내가 상대 후보보다 10% 이상 앞서고 있었다. 정말 지역 장벽이 무너질 것인가? 과연 호남에서 새누리당 당선자가 탄생할 것인가? 이제 완산을 선거구는 전북을 넘어 전 국민의 정치적 관심사로 급부상했다. 내가 당선되면 이번 선거 최대의 이변이요 역사적 사건으로 기록될 것이었다. 그렇기에 당선이 유력해 보이는 나의 선거 캠프에 방송사마다 중계 카메라를 설치하느라 부산했고, 그것을 현장에서 지켜보기 위해 많은 지지자들이 몰려들었다.

5시 30분경 나는 사무실로 나왔다. 지지자들이 흥분된 표정으로 내 이름을 연호했다. 내 가슴 또한 뛰고 있었다.

"출구조사 결과, 후보님이 당선되시는 것으로 나오면 중앙에서 생방송으로 연결할 겁니다. 소감이나 의미, 승리의 원동력 같은 것을 물을 터이니 미리 준비해 두십시오."

한 기자가 다가와 조명을 체크하며 말했다. 나는 담담히 자리를 지켰다.

TV에서 출구조사 결과를 발표하기 시작했다. 모두의 시선이 빨려들 듯 화면으로 향했다. 쿵쾅거리는 가슴을 진정시키며 나도 화면을 응시했다. 서울, 경기를 지나 전북지역 결과가 발표되기 시작했다. 드디어 완산을…….

민주당 이상직 후보 47.3%

새누리당 정운천 후보 36.1%

실내가 잠시 술렁이더니 이내 얼음물을 끼얹은 듯 싸늘해졌다.

믿을 수가 없었다. 화면에는 민주당 후보의 사진이 나타났다. 11.2% 차이로 민주당 후보의 당선이 예상된다는 것이었다. 오차범위를 벗어난 수치였다.

머릿속이 헝클어진 실타래처럼 혼란스러웠다. 온갖 생각이 어지럽게 교차했다. 최종 개표 결과 민주당 후보가 47.3%의 득표로 당선되었고, 나는 36.0%로 낙선했다.

"우리는 모두 최선을 다했습니다."

애써 담담한 표정을 지으며 울먹이는 지지자들을 격려했다. 하지만 집으로 돌아오자 참았던 눈물이 쏟아졌다. 아내와 아들,

딸이 마지막까지 혼신의 힘을 다해 도왔는데, 우리는 결국 넘을 수 없는 벽에 부딪쳤다.

아하! 이리도 두꺼운 벽이었구나…….

이리도 높은 산이었구나.

아내와 아이들을 부둥켜안고 온통 울음바다가 되었다. 한참 시간이 흘러서야 나를 지지해 준 30,400명의 유권자를 돌아보게 되었다. 그 가운데 대다수는 수십 년간 민주당을 찍다가 처음으로 마음을 바꾸어 새누리당 후보인 나를 지지해 준 분들이었다. 한없이 고마운 분들이었다.

30년간 지속된 지역주의의 벽은 그 오랜 기간만큼이나 높고 두터웠다. 한 명이라도 바꿔야 한다는 호소, 유권자 입장으로 패러다임을 바꾼 선거운동, 그리고 온 가족의 혼신을 다한 간절함으로도 지역장벽이라는 높은 산을 넘지 못했다.

여론조사에서 밀리자 민주당 후보는 도의원, 시의원 등 조직을 총동원해 '미워도 다시 한 번'을 읍소했다. 정운천을 찍는 것은 이명박을 찍는 것이라며 지역주의 감정을 부추기고 이용했다. 그것이 수면 아래로 가라앉아 있던 시민의 지역정서를 건드렸다. 투표용지를 들고 기표하는 순간 '그래도 민주당'이라는 심리가 다시 살아났다. 지역주의는 그만큼 질기고 단단했다.

끝내 넘지 못한 벽이었지만 36%의 득표는 분명 희망의 불씨였다. 언젠가 그 벽을 깰 수 있다는 희망을 심어 주기에 충분했다. 새누리당에는 가능성이라는 희망을, 민주당에는 각성의 계기를 부여한 것만은 분명했다.

다음날 나는 가족들과 함께 다시 유세차에 올랐다. "뜨거운 성원에 눈물이 납니다. 감사합니다"라고 쓴 현수막을 내걸고 시내를 돌며 시민들께 감사의 인사를 드렸다.

"저와 가족, 자원봉사자 모두가 하나가 되어 최선을 다했지만 고질적인 지역주의의 벽을 넘지 못했습니다. 하지만 많은 분들이 보내주신 성원과 지지가 토양이 되고 자양분이 될 것입니다. 그 마음 소중히 간직하겠습니다."

온 종일 낙선자로 지역구를 돌며 성원에 대한 감사 인사를 전하는 동안 흐르는 눈물을 멈출 수가 없었다. 가슴이 메어 왔다. 아내도, 아들과 딸도 눈물을 멈추지 못했다. 그러나 울고 있는 것은 우리뿐만이 아니었다. 저만치 거리에서, 그리고 자동차 안에서 우리를 바라보며 울고 있는 유권자들 또한 많았다. 30,400명의 지지자 중 한 분 한 분이었으리라. 우리는 충분한 사랑을 받았다. 처음으로 마음을 바꾸고 용기를 내어 우리를 지지했던 유권자들도 울고 있었다. 그렇게 긴 하루가 지나갔다.

이가 없으면 잇몸으로라도

선거가 끝나고 3개월이 지난 7월 중순, 나는 중앙당으로부터 전북도당위원장을 맡아 달라는 요청을 받았다. 선거에서 받은 높은 지지를 바탕으로 사고 도당으로 남아 있는 전북도당을 재건해 달라는 것이었다.

도당은 중앙당과 전북을 연결하는 공식 통로다. 비록 현역 의원이 한 명도 없어 제 역할을 하지 못하고 도내에서도 존재감이 없지만, 정부와 여당에 전북의 민심을 대변하고 반영할 수 있는 유일한 통로이다. 이가 없으면 잇몸이라고, 원외인사로라도 면

모를 일신하고 체제를 정비하면 도당 본연의 역할을 수행할 수 있을 것이었다.

더구나 6개월 후에는 19대 대통령 선거가 있다. 도당의 기능과 역할이 어느 때보다 중요해지는 시기이다. 이러한 기회를 제대로 활용하면 전북 발전의 한 축을 담당할 수 있다는 확신이 들었다. 나는 흔쾌한 마음으로 중앙당의 지명을 받아들였다.

"새누리당은 집권여당임에도 불구하고 전북에서 선택받지 못했습니다. 전북은 중앙에서 소외되었습니다. 이러한 악순환이 반복되면서 전북은 점점 변방의 외로운 섬으로 밀려났습니다.

전북이 발전하기 위해서는 이 악순환의 고리부터 끊어야 합니다. 저는 새누리당 도당위원장으로 전북을 위한 국책사업과 국가예산 확보 등 중앙과의 소통에 총력을 기울이겠습니다. 도민들께서도 새누리당에 적어도 30% 이상의 지지를 보내 주십시오. 함께 노력해 악순환의 고리를 선순환의 구조로 바꿔 주십시오. 그래야 전북이 새롭게 도약할 수 있습니다."

7월 31일 도당위원장으로 취임한 나는 기자회견을 갖고 도민들께 각오를 밝혔다. 정부 여당을 잇는 소통의 창구가 되어 전북이 발전할 수 있도록 최선을 다하겠다고 약속했다. 아울러 도민들도 30% 이상의 지지로 힘을 실어 달라고 호소했다.

특히 12월에 실시되는 대통령 선거를 전북 발전의 계기로 만들어야 한다고 강조했다. 충남이 3당의 균형을 이루어 과학벨트와 세종시 건설 등 큰 발전을 이루었듯, 전북도 여야 상생의 구조를 만들면 새로운 도약의 발판이 될 것이라고 호소했다.

아울러 나는 이를 위한 구체적 실천과제로 두 방향의 소통을 다짐했다.

하나는 전북의 행정을 담당하고 있는 전북도와의 소통이다. 지금까지 새누리당 전북도당과 전북도 사이에는 아무런 교류나 협력이 없었다. 도지사를 비롯해 모든 선출직 의석을 야당인 민주당이 독점하고 있는 상황이라 쉽게 손을 내밀지 못했다.

하지만 나는 생각을 달리했다. 전북 발전을 위해서는 여야가 있을 수 없는 만큼, 함께 만나 현안을 협의하고 해결 방안을 찾아야 한다는 생각이었다.

구체적으로 정책협의회를 구상했다. 새누리당 도당과 전북도가 주기적으로 정책협의회를 개최하여 현안에 대한 인식을 같이하고 해결 방안을 함께 모색해 나가자는 것이었다. 여야가 서로 경쟁하면서 협력하는 상생의 길을 열어가자는 생각이었다.

또 하나의 소통은 중앙당과의 소통이다.

정책협의회를 통해 수렴된 전북의 민의를 정부와 여당에 알리고 반영하기 위해서는 여당 내에 소통 통로가 있어야 한다. 하지만 현역 의원이 한 명도 없는 지금의 도당 체제로는 한계가 있을 수밖에 없었다.

그래서 생각해 낸 것이 지역화합특별위원회였다. 당내에 전북과 전남, 광주 등 취약 지역의 민심을 대변할 특별 기구로 지역화합특별위원회를 설치하고, 여기에 다수의 현역 의원을 배치해 가교 역할을 맡기면 된다는 생각이었다.

물론 이러한 구상이 현실적으로 실현될 수 있을지는 장담할 수 없었다. 하지만 바야흐로 대선정국이 시작되고 있었다. 대선의 뜨거운 열기와 에너지를 십분 활용하면 불가능한 일도 아닐 것이었다.

정책협의회를 통한 전북도와의 소통과 지역화합특위 설치를 통한 중앙당과의 소통. 나는 이 두 방향의 소통이 새누리당 전북도당 본연의 역할을 회복하는 것임과 동시에 전북 발전의 원동력이 될 것임을 확신했다. 그런 만큼 도당의 최우선 과제로 설정하고 모든 노력과 역량을 집중했다.

멀고도 험한 소통의 길

희망의 불씨, 13.2%

12월 19일 투표 결과 박근혜 후보가 승리했다. 전국적으로 75.8%의 높은 투표율을 보인 가운데 51.6%의 득표율을 기록, 48.0%에 그친 민주당 문재인 후보를 누르고 제 18대 대통령에 당선되었다.

하지만 전북지역 득표율은 13.2%에 그쳤다. 물론 이전의 선거에 비하면 13.2%도 큰 성과가 아닐 수 없다. 대선에서 사상 최초로 두 자릿수를 넘어선 것이다.

대통령 선거가 직선제로 치러진 1987년 이래 호남에서 새누리당(옛 민주자유당, 신한국당, 한나라당) 후보가 두 자릿수 득표를 한 적이 한 번도 없다. 17대 대선에서 이명박 후보가 500만 표 차이로 압승을 거두었지만 호남에서는 8.9%를 얻는 데 그쳤다. 그런 만큼 전북에서 기록한 13.2%의 득표율은 나름대로 선전한 결과라 할 수 있다.

하지만 전북의 선거운동을 총괄한 내 입장에서는 아쉬운 결과가 아닐 수 없다. 나는 박 후보를 비롯한 원내외 인사 300명 앞에서 공개적으로 30% 득표를 약속했다. 그것을 담보로 요구한 새만금특별법 개정안은 국회를 통과했고, 국민연금 기금운용본부 동반 이전도 법제화 약속을 받았다. 선거 기간 내내 나는 도민들에게 30%의 지지를 호소하며 내가 가진 모든 것을 쏟아부었다. 그런데 13.2%라는 성적표를 받았으니, 약속어음이 부도가 난 셈이었다.

나름대로 의미를 부여하면서도 아쉬운 마음을 감출 수 없었다.

선거가 끝난 뒤 나는 원내의원과 당협위원장 오찬모임에서 박근혜 당선인과 대면했다.

"장관님, 목표가 얼마였죠?"

오찬이 끝나갈 무렵 박 당선인이 다가와 악수를 청하며 물었다. 박근혜 당선자는 선거운동 기간 중 내가 요구한 3가지 사안을 모두 들어 주었다. 지역화합특위 구성, 새만금특별법, 3번의 전주 방문, 특히 유세 첫날에 전주를 방문할 정도로 전주에 큰 관심을 보였다. 그만큼 기대 또한 컸다. 그리고 나는 30% 지지를 꼭 받아 내겠다고 약속했었다. 박 당선인 또한 그때의 제안을 염두에 두고 묻는 말이었다.

13.2%. 정말 당선인에게 죄송한 마음이었다. 그러나 전북에 내려오면 상황이 달랐다. 처음으로 두 자릿수 지지율을 올린 데다가 전남이나 광주에 비해서도 높은 지지를 받았으니, 새 정부의 내각이나 청와대 인사에서 전북의 몫을 챙겨야 한다는 주장이 나왔다. 중앙에서는 면목이 없는데, 현장에서는 전북의 몫을 주장하니 나로서는 난처한 상황이 아닐 수 없었다.

문재인 후보의 86.3%에 비하면 박근혜 후보의 13.2%는 많은 생각을 갖게 하는 결과이다. 민주당 일당 독주가 여전히 계속되고 있고, 많은 도민들이 아직도 '묻지 마' 식 투표를 하고 있다는 방증이다. 그러나 예전에 비해 한 단계 발전한 것은 분명하다. 마

(魔)의 벽으로 여겨지던 두 자릿수를 넘어섰으니, 달라진 것만은 틀림이 없다. 도민들이 새누리당에도 마음의 문을 열고 있다는 증거일 것이다.

민심은 천심이라고 한다. 전북지역의 지지율 13.2% 또한 천심이라는 생각에 나는 두고두고 그 의미를 되새겼다.

30년간 지속된 지역주의의 두터운 벽은 하루아침에 허물어지는 것이 아니었다. 그렇다고 넘을 수 없는 벽도 아니다. 더 많은 시간과 노력을 투자해 앞으로 나아간다면 언젠가는 넘을 수 있다는 희망. 그 희망의 불씨를 수치로 보여준 것이라고 애써 위안을 삼았다.

3무(無) 전북을 넘어서

수레는 두 바퀴가 균형을 이루어야 제대로 굴러간다. 한쪽 바퀴가 너무 크거나 작으면 비틀거린다. 한쪽 바퀴가 없으면 제자리에서 맴돌거나 겨우 구르다 쓰러질 것이다.

정치도 마찬가지다. 여야가 조화와 균형을 이루어야 발전할 수 있다. 정(正)-반(反)-합(合)이라는 변증법 이론처럼 서로 경쟁하고 협력할 때 앞으로 나아간다. 경쟁이 없는 일당의 독주는 부패를 양산한다. 그런 이유로 경제에서는 독점을 법으로까지 금지하고 있다.

전북에는 30여 년 동안 민주당 일당의 독주가 계속되었다. 70~80년대에는 독재에 맞서 민주주의를 쟁취한다는 대의명분이 있었다. 하지만 민주화가 완성된 90년대 이후에도 달라진 것이 없다. 민주화의 성지라는 전북에서 민주주의의 꽃이라는 선거에 의해 일당의 독점이 여전히 계속되고 있다.

그 결과가 지금의 전북이다.

경제는 침체되고, 교육은 부진하고, 의식은 퇴화되고, 고향을 등지는 도민들이 늘고 있는 전북…….

새만금만 해도 그렇다. 바다를 막아 부지를 조성하는 데만 20년의 세월이 걸렸다. 2020년까지 22조 원을 투자하는 종합계획을 확정했지만 예산투자는 미흡하고 사업 추진은 더디기만 하다. 여러 가지 이유가 있겠지만 일당의 독주로 인한 3무(無) 전북이 근본 원인임을 부인할 수 없다.

'무여당(無與黨), 무경쟁(無競爭), 무책임(無責任), ...'

여당이 없이 민주당 1당 독주가 계속되면서 경쟁이 없고 책임도 없다. 전북이 오랜 침체와 낙후의 늪에서 벗어나지 못하는 이유가 바로 여기에 있다.

총선과 대선이 이어진 2012년은 전북의 역사에서 새로운 한 해로 기억될 것이다. 새만금개발청 설립과 국민연금 기금운용본부 유치, 전북의 미래를 좌우할 두 핵심 현안을 모두 해결했기 때문이다.

하지만 대선은 끝났고, 이제 공은 전북과 전북도민들에게 넘어왔다. 이번 성과를 교훈삼아 3무(無) 전북을 극복해야 한다. 여당과 야당, 야당과 여당이 공존하는 전북을 만들어야 한다. 전북 발전과 도민 행복을 위해 경쟁하게 해야 한다. 잘잘못에 대해 책임지게 해야 한다. 그렇게 두 바퀴 수레로 서로 경쟁하고 협력할 때 전북의 수레는 힘차게 앞으로 나아갈 수 있다.

사건에 대한 우리의 반응과 태도

부정은 부정을 낳고, 긍정은 긍정을 낳는다. 뿌리 깊은 지역감정의 근본 원인은 무엇일까? 그것은 오랜 역사의 흐름 속에서 만들어진 현상이다. 역사적 격동기에 나타난 갈등구조 속에서 나에게 피해를 주고 나를 핍박했다고 믿는 대상들에 대한 '분노'와 '화'의 에너지가 집단의식으로 분출한 것이라고 생각한다.

미국의 저명한 학자 데이비드 홉킨스는 《의식혁명》이라는 저서에서 인간의 의식 수준을 과학적 수치로 측정하여 '의식지도'를 만들었다. 이 도표에 의하면 피해의식(30), 무기력(50), 슬픔

(75), 두려움(100), 분노(150), 용기(200), 자발성(300), 포용(350), 이성(400), 사랑(500), 평화(600)의 수치를 보이고 있다.

그는 인간의 의식 수준에는 차이가 있음을 지적하며 인류가 더 높은 의식 수준에 도달하여 더욱 행복해지기를 바라고 있다.

또한 그는 '인생에서 일어나는 갖가지 사건이 우리에게 배움의 기회로 작용할 것인지 우리를 억압하는 요소로 작용할 것인지를 결정하는 것은 사건 그 자체가 아니라 사건에 대한 우리의 반응과 태도'라고 덧붙이고 있다.

선거운동 중에 한 시민을 만났다. 그는 절대로 새누리당은 뽑지 않겠다고 했다. 새누리당도 지지를 해 주어야 전북이 발전하고 자녀들이 잘살지 않겠느냐고 반문하자 아이들이 굶어 죽더라도 새누리당은 뽑지 않겠다고 했다. 다른 것은 몰라도 자식을 먹이기 위해서라면 구걸도 마다하지 않는 것이 부모의 심정이다. 그런데 자식의 목숨을 두고도 용서할 수 없는 분노와 화의 에너지를 가슴에 담고 있었다.

나는 그분이 분노와 화의 에너지를 용서와 긍정의 에너지로 승화시켜 힘차게 앞으로 나아가기를 소망한다. 그 무엇으로도 바꿀 수 없는, 단 한 번뿐인 소중한 삶을 긍정의 파장으로 행복하게 가꾸어 나아가기를 간절히 바란다.

나는 지난 대통령 선거 시점을 쌍발통 전북의 출발점으로 생각하고 노력해 왔다. 지난해부터 당원 배가운동을 전개, 3만 명에 불과하던 당원을 6만 명으로 두 배 이상 늘렸다. 도당 차원에서 '정치 아카데미'를 개설해 인재양성에도 힘쓰고 있다. 전북도와의 정책협의회도 지속적으로 개최하며 여야 교류와 협력의 장으로 활용하고 있다. 중앙당에는 호남을 중시하는 '서진(西進)정책'을 건의하고 전북에 대한 관심과 지원을 촉구하고 있다.

하지만 모든 것은 결국 도민들의 선택에 달려 있다. 도민들에게는 새만금개발청 설립과 국민연금 기금운용본부 유치의 소중한 경험이 있다. 여야 공존, 여야 협력의 필요성을 피부로 실감했다. 도민들께서 곧 여야 공존의 황금구조를 만들어 주시리라 믿어 의심치 않는다.

지혜 중에 으뜸은 '때를 아는 것'

"도당이 이제 겨우 자리를 잡았는데, 여기서 그만두시면 어떡합니까? 안 됩니다!"

지난해 10월 도당 정기대회를 앞두고 사임의 뜻을 밝히자 주위에서 하나같이 반대하고 나섰다. 전북에서 이제 겨우 새누리당의 기반을 다졌는데 갑자기 물러나겠다니, 다음 총선에 나서기 위해서라도 위원장직을 활용해야 한다는 현실론을 제기하는 분들도 있었다.

하지만 나는 도당위원장직을 내려놓기로 마음먹었다.

예로부터 전해 오는 각설이 타령이 있다.

시구시구(矢口矢口)

조을시구(鳥乙矢口)

얼시구(臬矢口) 절시구(切矢口)

지화자 조을시구 (知化者 鳥乙矢口)

'때시(矢)'자와 '입구(口)'자를 합하면 '알지(知)'가 된다.

지혜 중에 으뜸은 '때를 아는 것'이다. 봄 철새와 가을 철새가 때를 아는 것처럼 지혜로운 자는 변화의 때를 잘 안다는 뜻이다.

각설이 타령에는 사실 이와 같은 높은 지혜가 전해지고 있다. 내가 아니면 안 된다는 생각은 집착과 욕심을 부른다. 때에 맞추어 일을 하다가 때가 되면 물러나는 것, 그것이 내가 각설이 타령에서 배운 지혜이며 지금이 바로 '떠날 때'라고 판단한 것이다.

2000년 나는 신지식농업인회를 만들어 초대 회장을 맡았다. 재임 2년 동안 새로운 기술과 아이디어를 접목해 농업의 부가가치를 높이는 신지식농업을 널리 전파하고 확산시키기 위해 최선을 다했다. 그렇게 초석을 다진 다음 후임에게 자리를 물려주고 물러났다.

2006년에는 농업CEO연합회를 창설해 초대 회장을 맡았다. 재임 2년 동안 1차산업인 농업에 기업경영을 접목시키기 위해 심혈을 기울였다. 2008년 이명박 정부 출범 시에는 농업에 식품을 결합한 농식품부 발족에 기여하고 초대 장관에 취임했다. 생산에 한정된 농업을 가공, 판매, 서비스가 결합된 6차산업으로 만들기 위해 강도 높은 개혁을 추진했다. 그러나 광우병 파동으로 물러났다. 농촌의 개혁을 꿈꾸었고 못 다한 일들이 많았지만 촛불정국의 책임을 지고 자리에서 물러났다.

그 뒤 장관 재임 시 추진했던 한식세계화 사업의 실무기관으로 설립된 한식재단의 이사장직을 맡았다. 2년 동안 최고의 웰빙식품인 한식을 세계인의 음식으로 만들기 위한 기틀을 다진 뒤 스스로 물러나왔다.

뒤돌아보면 평생의 소신인 농업 발전을 위해 새로운 일을 개척하고 기반을 다지는 것이 나의 삶이요 인생이라 생각하며 살아 왔다. 때로는 욕심이 일기도 하고 안주하고도 싶었다. 그러나 그때마다 각설이 타령이 주는 지혜를 생각하며 떠날 준비를 했다.

전북지사 선거를 통해 정치에 입문한 뒤로는 지역장벽 극복을 또 다른 사명으로 삼았다. 도당위원장직을 맡은 것도 그 때문이었다. 당시 사고당으로 남아 있던 전북도당을 맡아 체제를 정비하고 대선을 치르면서 나름대로 기반을 잡았다. 내가 할 일은 어느 정도 했다는 생각이 든다. 이제 더 자리에 집착하면 나도 모르게 초심을 잃게 될 것이다. 물을 채우기 위해서는 잔을 비워야 한다. 새로운 것을 받으려면 손에 쥔 것을 놓아야 한다. 나는 주위의 만류를 무릅쓰고 도당위원장에서 물러났다. 그리고 또다시 길 위에 섰다. 할 일을 다 했으면 보따리를 들고 다시 길을 나서는 것. 그것이 내 인생이요 운명이기 때문이다.

7장

전북 발전을 위한 제언

전라감영 복원

전라감영은 조선 태조 4년인 1395년에 설치되어 고종 22년(1895년)까지 500년 동안 전라남북도와 제주도를 통할(統轄)하던 관청이다. 지방 행정의 최고 책임자인 관찰사(觀察使)가 거주하며 통치하던 건물로 지방행정의 중심이라 할 수 있다. 호남제일문과 더불어 전주가 3도를 호령하던 제1의 도시였음을 보여주는 상징적인 건물이다.

하지만 일제 강점기에 신식 건물이 들어서면서 건물 대부분이 철거되었고, 그나마 남아 있던 선화당(宣化堂 · 관찰사가 업무를 보는 곳)도 6 · 25 전쟁 때 불에 타 없어졌다. 지금은 도 기념물(제 107호)로 지정된 감영지만 남아 있다.

어떻게 보면 전주의 영화 또한 전라감영과 궤를 같이했다. 조선시대 3대 도시였던 것이 해방 후 6대 도시로, 최근에는 30대 도시로 점점 낙후되고 있다.

대한민국은 70년대의 가난을 극복하고 눈부시게 발전해 왔다. 그러나 전북의 시계는 70년대, 80년대에 멈추어 선 듯하다. 호남의 중심을 광주에 내어 주고 변방으로 밀려났다.

그런 만큼 전라감영의 복원은 단순한 유적지의 복원이 아니다. 잃어버린 전북의 옛 영화를 회복하고 도민들의 자존심을 고취시키는 일대 정신혁명이라 할 수 있다.

전라감영 복원사업은 2005년부터 추진되었다. 하지만 복원의 방향과 규모 등을 놓고 전북도와 전주시가 갈등을 빚은 데다 예산 확보의 어려움까지 겹쳐 제대로 추진되지 못했다.

다행히 지난해 전북도와 전주시가 합의하고 필요한 예산도 확보하여 올해부터 본격적인 공사에 착수할 것으로 전망된다. 다소 늦은 감은 있지만 다행스런 일이 아닐 수 없다.

전북도에 따르면 1단계로 2020년까지 동편부지(옛 도청지)에

선화당과 내아, 관풍루, 포정루 등 주요 감영시설을 복원하고, 이후 2단계로 서편부지(옛 경찰청사)에 미술관, 도서관, 체험관, 광장 등 문화시설이 신축된다.

복원공사가 계획대로 추진되면 전라감영은 전주의 옛 영화를 회복하는 상징적인 건물이자 도민들의 문화공간으로 널리 사랑받게 될 것이다. 그와 더불어 도민들 또한 전주를 호남 제일의 도시로, 전북을 전국 최고의 도(道)로 만들어 나가는 데 뜻과 힘을 모아야 할 것이다.

김제공항을 항공정비공항으로

지난해 9월 12일 새만금개발청이 출범함에 따라 지지부진하던 새만금 개발이 탄력을 받을 것으로 예상된다. 9년 동안 갈팡질팡하던 전라감영 복원사업도 금년부터 본격적인 공사에 착수한다. 이렇듯 전북의 오랜 현안들이 하나둘 해결의 실마리를 찾고 있지만 아직도 갈피를 잡지 못하고 방치된 현안이 있다. 김제공항 건설이 그것이다.

김제공항 건설은 지난 1999년에 시작되었다. 하지만 2003년 9월 감사원이 문제를 제기하며 제동이 걸렸다. 당시 감사원은 항공 수요와 경제적 환경 변화를 지적하며 공공기관 이전과 연계해 사업 내용 및 시기를 재검토하라고 권고했다. 그 후 사업 추진은 중단되고 400여억 원을 들여 매입한 공항 부지(158만㎡)는 지금까지 활용 계획조차 세우지 못한 채 방치되고 있다.

국토교통부는 '내년에 항공 수요를 재검토해 김제공항의 추진방향을 결정할 예정'이라고 밝혔다. 하지만 인근의 무안공항이 운영되는 상황에서 김제공항을 건설한다 해도 경제성을 확보하기는 쉽지 않을 것이다.

김제공항의 활로를 열기 위해서는 다른 대안을 마련해야 한다. 경제성이 없는 승객운송 대신 공항을 활용할 수 있는 대안, 항공정비공항을 제안한다.

항공산업은 승객운송이 전부가 아니다. 항공운송에다 상업시설, 그리고 항공정비산업이 3대 성장축으로 꼽히고 있다. 국내의 항공정비 산업은 열악하기 그지없다. 여객부문에서 세계 최고를 자부하는 인천공항도 대한항공과 아시아나항공을 제외한 나머지 항공사는 비행기를 정비할 수 없어 외국으로 이동하고 있다.

김제공항을 항공정비전문공항으로 건설한다면 경제성이 달라질 수 있다. 네덜란드의 스키폴공항처럼 대형항공기를 동시에

정비할 수 있는 시설과 기술을 갖추면 새만금과 더불어 새로운 성장 동력이 될 수 있다. 김제공항의 활로, 항공정비에서 찾아야 한다.

전북을 푸드폴리스로

"미래에 가장 중요한 것은 먹거리다!"

전 세계미래학회장 짐 데이토(Jim Dator) 미국 하와이대학 교수는 '미래에는 식품산업이 그 무엇보다 각광을 받을 것'이라고 단정했다.

미래의 얘기만도 아니다. 식품시장은 현재 4조 3천억 불 규모로 자동차시장의 3배, 반도체시장의 15배에 이른다. 2020년에는 6조 4천억 불 수준에 이를 것으로 예상된다. 식품산업의 중요성은 아무리 강조해도 지나치지 않는다.

2008년 초대 농식품부 장관에 취임한 나는 대통령 업무보고를 전주에 내려와 했고, 그 자리에서 국가식품클러스터를 익산으로 유치했다. 국내 제일의 농도인 전북을 식품산업과 연계시켜 세계적인 푸드폴리스(food-polis)로 육성하기 위해서였다.

그 후 타당성 조사 등을 거쳐 익산시 왕궁면 흥암리 일원 358만여㎡에 국가식품클러스터를 조성키로 하고 본격적인 공사에 착수했다. 이 가운데 국가산업단지가 조성될 1단계 사업은 내년 말까지 준공될 예정이다. 232만여㎡ 부지에 식품품질안전센터, 식품기능성평가센터, 식품패키징센터 등 정부 지원 시설 6개소와 식품 전문기업 70~100개사가 들어선다.

2단계 사업은 이를 확대하거나 정주인구 2만 명 규모의 배후도시로 구상되었다. 말 그대로 식품산업으로 특화된 국내 첫 신도시가 건설될 예정이다. 여기에 전주완주혁신도시에 농촌진흥청과 식품연구원 등 7개 농식품 관련기관이 더 설립되고, 국내 첫 종자 전문 특구인 김제 육종연구단지도 준공된다.

그렇게 되면 수입에 의존해 온 종자 국산화부터 농작물 재배와 가공식품 연구개발에 이르기까지 농식품산업의 수직 계열화가 이루어질 것이다. 전북을 세계적인 푸드폴리스로. 국가식품클러스터를 유치하면서 내건 슬로건이 꿈이 아닌 현실로 다가오고 있다.

한식세계화의 메카 익산

한식은 5천 년을 이어온 우리의 역사와 문화가 고스란히 배어 있는 전통음식이다. 특히 발효식품은 약성이 좋은 우리의 농산물을 지수화풍(地水火風)이 빚은 천일염으로 발효시켜 만든 최고의 건강식품이다. 장기간의 숙성 과정을 통해 우리 몸에 필요한 각종 유산균까지 함유한 살아 있는 미생물체다. 많이 먹어도 살이 찌지 않고 활동성도 좋다.

'식품으로 못 고치는 병은 약으로도 못 고친다'고 했다.

근래 들어 웰빙과 건강이 세계적 화두로 등장하면서 한식에 대한 관심이 급증하고 있다. 특히 비만과 성인병이 사회문제로 대두된 서양 각국에서는 이를 해결할 대안으로 우리의 발효식품을 주목하고 있다.

전북은 국내 제일의 농도이자 전통과 맛의 고장이다. 익산을 중심으로 하는 국가식품클러스터가 조성되면 세계 유수의 식품기업들이 입주하게 된다. 이러한 기반을 바탕으로 한식의 우수성에 대한 연구 개발을 활성화하고 전문 인력을 양성하면 한식산업은 전북의 새로운 성장 동력이 될 수 있다. 전북을 한식 세계화의 메카로 만들 수 있다.

지난 2008년 초대 농식품부장관으로 취임한 나는 곧바로 한식 세계화사업을 시작했다. 지식경제부에서 광물로 취급하던 천일염을 가져와 기초식품으로 육성하는 한편, 간장, 된장, 고추장, 김치, 젓갈 등의 전통발효식품을 세계 명품으로 만들기 위해 다각적인 사업을 전개했다. 장관직에서 물러난 뒤에는 한식재단 이사장을 맡아 실무를 총괄했다.

그와 더불어 전북을 한식의 메카로 육성하기 위해 많은 노력을 기울였다. 전주대를 한식특성화대학으로 지정하고 대학 내에 국제한식조리학교를 설립했다. 전북대에는 한식기능성연구센터를 설치, 한식에 대한 연구와 개발을 담당토록 했다.

이러한 노력이 결실을 맺어 한식조리학교에서 전문 인력이 배출되고 한식의 우수성이 다각도로 밝혀지는 등 한식 세계화의 토대가 차근차근 구축되고 있다.

전문지식과 기술을 두루 갖춘 전문 인력이, 맛 좋고 약성 강한 전북의 농산물을 원료로 최고의 웰빙 건강식품을 만들고, 국가식품클러스터의 세계적 식품기업들을 통해 세계인이 즐겨 먹는 글로벌 식품으로 만드는 것. 오늘의 전북에 주어진 또 하나의 시대적 과제가 아닐 수 없다.

새만금을 동북아의 식품 허브로

지난 2007년 국무총리 직속의 새만금위원회 위원으로 참여하면서 인연을 맺은 이래 나는 새만금의 성공적인 개발을 위해 노력했다. 농림수산식품부 장관으로 재임하던 2008년, 농지 대 산업용지의 비율이 7대 3이던 토지이용계획을 3대 7로 변경, 새만금의 가치를 9조원 이상 끌어올렸다. 2010년 전북지사 선거에 출마하면서 공약한 전담기구 설립을 실현시키기 위해 노력한 결과 2013년 9월 마침내 새만금개발청이 출범되었다.

네덜란드는 국토 면적이 우리나라의 3분의 1 수준에 불과하고 농업 여건 또한 척박하다. 그럼에도 불구하고 미국에 이어 세계 2위의 농식품 수출국으로 자리하고 있다. 전체 무역 흑자의 40% 이상을 농식품 수출로 벌어들이고 있다. 연구 개발에 대한 정부의 집중 투자, 기업가 정신으로 무장한 농민 등 여러 가지 요인이 있겠지만 로테르담의 물류 인프라가 가장 중요한 요인 가운데 하나이다.

유럽의 관문으로 통하는 로테르담 항은 200개 이상의 유럽 항구와 연결되어 유럽 물류의 허브 역할을 담당하고 있다. 처리 화물 세계 3위로 유럽 수입물량의 60%, 수출물량의 30%가 로테르담 항을 통해 오가고 있다. 암스테르담의 스키폴공항과 더불어 네덜란드 무역의 상징이 되고 있다.

새만금의 지리적 여건 또한 로테르담에 못지않다. 비행기로 2시간 이내에 15억 인구를 가진 미래시장 중국이 있고, 세계 1위의 식품 수입국인 일본이 있다. 한 · 중 · 일 FTA가 실현되면 EU와 같은 시장 통합도 가능할 것이다.

대내적인 여건 또한 성숙되고 있다. 농촌진흥청, 식품연구원을 비롯해 10여개 농식품 관련 기관이 전주혁신도시에 내려와 있다. 익산에는 세계 유수의 식품회사들이 입주하는 국가식품클러스터가 조성되고 있다. 여기에 맛 좋고 품질이 뛰어난 도내 농산물까지 더해 전북이 푸드폴리스, 농업생명 수도로 탈바꿈하고 있다.

새만금을 동북아의 식품 허브로 만들어야 한다. 전북의 우수한 농식품이 동북아, 나아가 전 세계로 나아가는 물류의 중심지로 개발해야 한다. 네덜란드의 로테르담처럼 동북아의 관문으로 만들어야 한다. 그래야 동북아 시대의 메카가 될 수 있다.

내가 걸어온 길

지난 2007년 국무총리 직속의 새만금위원회 위원으로 참여하면서 인연을 맺은 이래 나는 새만금의 성공적인 개발을 위해 노력했다. 농림수산식품부 장관으로 재임하던 2008년, 농지 대 산업용지의 비율이 7대 3이던 토지이용계획을 3대 7로 변경, 2020년까지 22조 원을 투자하는 새만금종합계획이 발표되었다.
2010년 전북지사 선거에 출마하면서 공약한 전담기구 설립을 실현시키기 위해 노력한 결과 2013년 9월 마침내 새만금개발청이 출범되었다. 결코 쉬운 일은 아니었다. 서해안 개발청이라면 몰라도 전북의 한 지역을 발전시키는데 꼭 청이 필요한가 하는 회의적 견해가 물밑에서 오가기도 했다.
새만금 개발은 180만 전북도민의 염원을 이루는 것이요, 30여 년간 지속된 지역주의를 극복하는 출발점이 될 것이다.

내가 집을 떠나 익산의 남성고등학교에 진학한 후 우리 집은 그야말로 쑥대밭이 되었다. 할아버지 대까지만 해도 고창에서 알아주는 만석꾼 집안이었는데, 아버지 대에 들어 가세가 기울기 시작했다. 그래도 먹고사는 데는 걱정이 없었으나 1학년 때 아버지가 돌아가시고 난 뒤 형님의 건설사업까지 부도가 나면서 가계는 한순간에 절망의 나락으로 떨어졌다. 무엇 하나남은 게 없었다. 학교에 다니는 것조차 힘들 지경이었다. 하지만 학업을 포기할 수는 없었다. 다행히 친구의 공부를 도와주는 조건으로 친구 집에서 학교에 다닐 수 있었다.

●

고교 시절 친구들과. 앞줄 오른쪽

삼수 끝에 어렵사리 대학에 입학했지만 기쁨도 잠시, 쌀 한 가마가 15,000원 하던 시절에 대학 등록금 314,740원은 끼니조차 거르기 일쑤였던 나에게는 감당하기 어려운 거액이었다. 대학생활은 나에게 낭만이 아니라 냉혹한 현실이었다.
형의 소개로 보약 판매를 시작했다. 가까운 친척부터 시작해서 중 · 고등학교 선생님, 선배들, 그리고 이런저런 인연을 통해 알게 된 지인들까지 일일이 찾아다녔다. "이 약은 선생님의 몸을 살리는 보약일 뿐만 아니라 저를 살려주는 마음의 보약이기도 합니다. 도와주시면 열심히 공부해 사회와 나라를 위해 봉사하는 것으로 보답하겠습니다." 그러나 쌀 한 가마에 15,000원 하던 시절에 9,900원이나 하는 보약을 선뜻 사줄 사람은 많지 않았다. 끼니도 챙기지 못한 채 하루 종일 돌아다녔다. 그런 노력을 하늘이 알아준 것인지, 나는 보약을 팔아 대학 등록금을 마련할 수 있었다.

●

대학 졸업식에서. 학사모 쓴 이

우여곡절 끝에 대학에 입학했지만, 대학생활 또한 평탄치 못했다. 1975년 당시 나라는 유신헌법 철폐 시위로 어지러웠다. 학생들이 주축이 된 시위가 전국으로 확산되자 정부는 긴급조치와 함께 대학에 휴교령을 내렸다.
그해 11월 나는 군에 입대했다. 훈련소를 거쳐 양구의 백석산 고지에 배치되어 영하 30도를 오르내리는 삭풍을 이겨내며 병역의무를 수행했다. 그렇게 3년여의 군생활을 마치고 병장으로 제대하니, 나는 이미 스물다섯의 늙은(?) 복학생이었다.
집안 사정은 조금도 나아지지 않은 상태였다. 복학 후 2년 가까이 제대로 영양 섭취도 못하면서 무리한 탓에 몸이 극도로 쇠약해져 결국 '폐병 3기' 진단을 받았다.

●

군복무 시절 양구 백석산에서

대학을 졸업하고는 모두가 떠나려는 농촌으로 내려가 모두가 마다하는 농업을 선택해 25년 외길을 걸었다. 비닐하우스 안에 벽돌집을 짓고 5년 5개월을 살면서 농민들을 하나로 묶었고, 그 힘을 바탕으로 위기를 극복했다. 패배의식에 젖은 농촌에 희망의 밀물시대를 열기 위해 동분서주했다.

●

젊은 시절 키위 밭에서

"이대로는 안 됩니다! 지금과 같이 생산만 해서는 희망이 없습니다. 이제는 '농식품산업'으로 가야 합니다. 농업에 식품을 결합해 농림부를 농업식품부로 만들어야 합니다. 농업을 가공, 유통, 판매까지 두루 포괄하는 복합산업으로 바꾸고 문화, 관광과 연계해 입체산업으로 육성해야 합니다."

나는 평생을 농업에 종사하며 터득한 경험과 노하우를 토대로 온몸을 던져 창조적인 농정의 틀을 새롭게 짜고 농정개혁을 차질없이 추진해 농업에 새로운 희망을 불어넣겠다는 각오를 다졌다.

●

농림수산식품부 현판식.
2008년 3월. 왼쪽 맨 위

ⓒ조선일보

이명박 정부의 초대 농림수산식품부장관이 되었을 때는 〈PD수첩〉의 광우병 보도로 촉발된 촛불의 광풍에 휩싸였다. 졸지에 '국민 건강을 팔아먹은 매국노'가 되었다. 그러나 나는 국민과의 소통을 위해 광화문 촛불광장을 찾아갔다. 많은 사람들이 위험하다고 막아서고 만류했지만 가지 않을 수 없었다.
"정운천이 여기 왜 왔어! 매국노가 여기 왜 왔냐고!"
누군가가 그렇게 소리쳤다. 그러자 여기저기서 "매국노! 매국노!"하며 따라 외쳤다. 물병까지 날아들었다. 나는 사력을 다해 앞으로 나아갔다. 발언대가 가까이 보였다. 그러나 나를 겹겹이 둘러싼 인파 때문에 더 이상 걸음을 옮길 수가 없었다.
나는 밀려나면서도 있는 힘을 다해 외쳤다.
"제게도 아들딸이 있습니다! 국민의 건강과 안전을 지키기 위해 저의 모든 것을 다 내어놓았습니다! 6 · 10항쟁의 거룩한 역사 앞에 부끄럽지 않도록 목숨을 바쳐서라도 반드시 지키겠습니다!"

●

광화문, 2008년 6월 10일, 가운데 점선 부분

고민을 거듭하던 어느 날, 함거에 갇혀 한양으로 호송되는 이순신 장군의 모습이 떠올랐다.

'군주의 시대에는 왕에게 용서를 빌었지만, 민주의 시대에는 국민에게 용서를 빌어야 한다.'

내가 함거에 오르겠다고 하자 많은 분들이 반대하고 만류했다. 두렵기도 했다. 그러나 나를 믿고 지지해 준 15만 도민들에게 책임지는 모습을 보여드려야 했다.

이른 아침부터 밤늦게까지 무릎도 펴지 못하고 갇혀 있으니 몸이 굳어 움직이기조차 힘들었으나 도민들의 위로와 격려가 큰 힘이 되었다.

●

전주, 2011년 5월

5월 23일 전광우 국민연금공단 이사장(왼쪽)이 함거에 있는 나를 찾아 주셨다. 그 때 연금공단 기금운용본부의 어마어마한 실체를 알게 되어 기금운용본부 전북 이전을 추진하는 계기가 되었다.

●

전주. 2011년 5월

약속 실천

2012년 11월 국민연금공단 기금운용본부 전북 이전 입법 계획을 발표하는 김무성 현 새누리당 대표. 김 본부장은 대선 기간 눈코 뜰 새 없이 바쁜 일정 속에서도 전북에 직접 내려와 법안 발의를 통해 전북 이전의 물꼬를 터주었다. 지역사회에서는 'LH공사 유치 실패로 좌절감에 젖어 있는 도민들에게 새로운 기대와 희망을 주었다'고 평가했다.
국민연금공단 기금운용본부의 전북 이전은 무엇보다도 여당과 야당, 야당과 여당이 전북 발전을 위해 뜻을 모으고 힘을 합친 덕분이라는 점에 의미가 있다. 특히 전북에 국회의원 한 명 없는 새누리당이 한 축을 담당했다는 점을 언론에서는 높게 평가했다.

ⓒ 뉴시스전북

"새만금의 혜택은 전북도민뿐만 아니라 전 국민이 누리는 것입니다. 전북도민들이 새만금 때문에 더 이상 가슴앓이를 하는 일이 없도록 분명하게 매듭을 짓겠습니다."

2012년 11월, 남경필 의원은 새만금개발청을 만드는 새만금특별법 개정안 대표 발의자로서 기자회견을 통해 새만금에 대한 의지에다 도민들의 마음을 어루만지는 따뜻함까지 보여주었다.

나는 짧은 순간 만감이 교차했다. 2010년 전북지사 선거에 출마하면서부터 추진해 왔던 전담기구 설립과 특별회계 설치. 멀게만 느껴졌던 것이 드디어 본궤도에 오르게 된 것이다.

2015년 1월 22일 새누리당은 전북에서 현장 최고위원회의를 개최, 야당인 새정치민주연합 소속 송하진 전북도지사가 참석한 가운데 각종 지역 현안을 점검했다. 새누리당 김무성 대표는 이날 새만금특별법 제정 및 국민연금 기금운용본부 전북 이전에 대한 공로 등을 인정받아 전라북도 명예도민증을 받았다. (왼쪽은 송하진 전북지사)
나는 2012년 새누리당 전북도당위원장으로 취임한 이후 지역발전을 위해 여야가 협력하는 문화를 만들기 위해 전북도와 정책협의회를 갖는 등 다양한 노력을 기울였다.

"비례대표 어떻습니까? 농업계에 기여를 많이 하신 농민 대표이시고 당에도 충분히 공헌을 하셨습니다. 게다가 취약 지역인 호남 대표이시니……."

19대 총선이 10개월 앞으로 다가온 어느 날, 중앙당에서 비선을 통해 의향을 물어왔다. 비례대표를 신청할 생각이 있느냐는 것이었다.

지역구 출마와 비례대표, 순간 나는 마음이 흔들렸다. 당선 가능성이 제로에 가까운 전북이었다. 금배지를 목표로 한다면 두 말할 필요 없이 비례대표를 신청해야 한다. 하지만 내가 원하는 것은 지역장벽을 넘어 여야가 공존하는 정치구조를 만드는 것이다. 쌍발통 전북을 만들어 멈춰선 전북의 수레바퀴를 앞으로 나아가게 하는 것이다. 그러기 위해서는 힘이 들어도 지역구 의원이 되어야 한다.

쌍발통
1
정운천
배우자
정운천
정운천
1

1
정운천

MBC 〈PD수첩〉의 보도로 촉발된 촛불시위로 가족들까지 마음 편할 날이 없었다. 고3이었던 아들은 그래도 꿋꿋했다. 딸아이는 당시 열여섯, 예민한 나이에 상처를 많이 받았지만 고맙게도 잘 이겨내 주었다. 20년 지기를 잃은 아내는 내가 선거에 나서자 27년 동안 천직으로 지켜온 교직을 접고 내 곁을 지켜주었다.

언젠가 내가 한 상가에 들렀을 때 중년의 한 여성 유권자가 이렇게 말했다.

"사실 난 정치 잘 모르고, 정운천이라는 사람에 대해서도 잘 모릅니다. 다만 딸이라는 아이가 '아빠를 꼭 뽑아 달라.'며 명함을 주는데, 누가 시켜서는 할 수 없을 것 같은 진심이 느껴졌어요. 자식의 존경을 받는 부모라면 믿어 볼 만하다고 생각하고 정 후보님을 지지할 생각입니다."

나를 위해 최선을 다하고 있는 아내와 아이들이 늘 고맙고 미안하다.

아산 유리
컬투쇼
2012

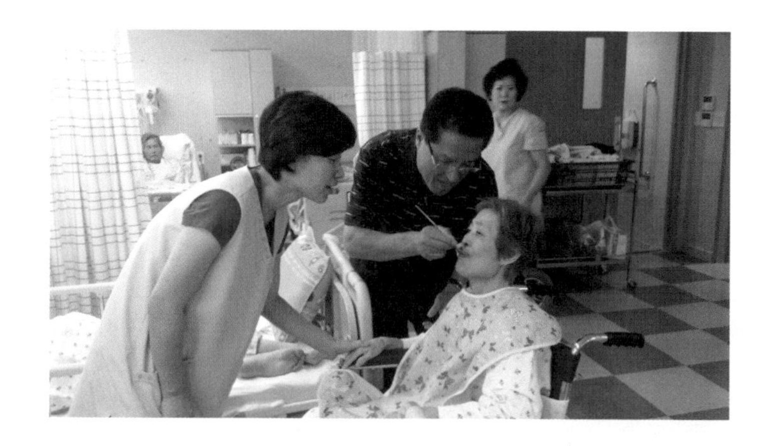

나는 참모들과 함께 주민들 입장에서 방안을 모색했다. 내가 유권자라면 어떤 방식의 선거운동을 원할까? 후보자가 어떤 선거운동을 벌이면 유권자에게 잔잔한 감동을 줄 수 있을까?

나는 선거운동의 큰 방향을 봉사활동으로 바꾸었다. 비록 짧은 기간이지만 시민이 진정으로 필요로 하는 일을 하면서 시민의 마음을 얻는다면 더욱 보람 있는 일이리라 생각했다.

소외된 곳에서 고달픈 삶을 사시는 분들이 정말 많았다. 병마, 신체적 장애, 경제적 어려움 등으로 인고의 생활을 이겨내신 불들께 잠시나마 위로가 되고 도움을 드릴 수 있는 선거방법을 택하였다,

봉사활동으로 대신한 선거운동이 득표에 얼마나 도움이 되었는지는 정확히 알 수 없다. 하지만 주민들 마음에 더 가까이 다가갔다는 것만은 확신할 수 있다. 그렇게 한 걸음씩 나는 주민들 곁으로 다가갔다.

부록

언론기사 & 칼럼

"기금운용본부 소재지 논란 종지부 찍었다"

새누리당 전북도당(위원장 김항술)이 19일 기자회견을 열고 국민연금공단 기금운용본부 소재지 논란에 대해 "본부를 전북으로 이전하는 전제하에 공사로 독립시키는 법안에 중지를 모아야 할 때"라고 말했다.

이날 새누리당 전북도당은 전북도의회에서 기자회견을 열고 "기금운용본부는 500조원이 넘어섰고, 20년 후에는 2000조원이 넘어서는 세계 3대 기금이 된다"라며 "여기에 걸맞은 기금운용체계를 구축해야 할 때"라고 밝혔다.

새누리당 정운천 전주완산을 위원장은 국민연금법 개정안에 담긴 기금운용본부 소재지 문제로 논란이 일고 있는 것과 관련해 종지부를 찍었다고 언급했다.

같은 당 박윤옥 의원(비례대표)이 발의한 국민연금법 개정안에 기금운용본부 공사 독립과 독립된 공사의 소재지를 전북에 둔다고 명시했기 때문이라는 것이다.

정운천 전주완산을 당협위원장은 "어제(18일) 김정훈 정책위의장, 박윤옥 의원과 함께 기금운용본부 소재지 논란에 대한 종지부를 찍고 내려왔다"면서 "공사로 분리 독립돼 전주에 유치되면 전주는 국제금융시장에서 주목받는 도시로 거듭날 것"이라고 말했다.

이어 "새정치민주연합도 더 이상 이 문제에 대한 정치적 논란의 불씨를 만들지 말고 초당적 협력을 통해 개정 법률안이 통과될 수 있도록 입장을 밝혀달라"고 요청했다./

〈전라일보〉 김대연 기자(2015. 08. 19.)

정운천 전 장관, 남다른 정치파워 위엄 뽐내

"개미 백 마리가 움직이는 것보다 여당 중진 한 명이 움직이니 너무 달랐다"

최근 국무총리 국무조정실에 새만금사업을 조정 · 지원하는 조직인 '새만금사업추진지원단' 설치를 담은 새만금특별법 개정안 통과에 걸림돌이었던 국회 법사위 접촉에서 정운천 전 장관(국무총리 직속 새만금위원회 위원 · 사진)의 '정치력'이 도청사 안팎에서 회자되고 있다.

전북도가 국회법 개정에 따른 정치권 안팎의 여러 상황으로 인해 잠시 멈췄던 새만금특별법 개정안이 이달 안으로 통과될 수 있도록 정 전장관의 광폭정치 행보를 기대하고 있기 때문이다.

특히 국회 법사위 전체회의 심의시 단 1명의 의원이라도 이의를 제기하면 소위로 회부되는 한편, 소위 회부시 심의안건 적체와 19대 국회 임기 만료 등으로 자동 폐기 가능성이 매우 커 촉각이 곤두서있는 상황도 한몫하고 있다.

정 전장관은 지난달 중순께 송하진 도지사로부터 긴급히 전화 한 통을 받았다. 국회 법사위 새누리당 소속 의원들을 면담해야 되는데, 소속정당(새정치민주연합)도 다르고 '변방'인 전북도지사를 실무진 선에서 접촉해 면담일정을 조율하는 일이 생각보다 쉽지 않았기 때문이다.

도 새만금추진지원단 관계자는 "국회 법사위원들 의원실에 방문하고 수차례 연락을 취했지만 사실상 번번이 거절당하거나 퉁명스러운 답변뿐이었다"며 "정 전장관이 나서주면서 분위기가 확 바뀌었고 속전속결로 도지사와의 면담이 이뤄졌다"고 당시 긴박했던 상황을 설명했다.

실제 정 전장관은 새누리당 소속 법사위원 6명에게 일일이 연락해 긴급 면담을 신청해 면담을 성사시켰다.

이어 정 전장관은 송 지사와 함께 직접 국회의사당을 찾아 정갑윤 국회 부의장, 이병석 전 국회 부의장, 이한성 새누리당 법사위 간사, 홍일표 의원, 김도흡 의원을 모두 만나게 했다.

여기에 정 전장관은 송 지사를 김무성 새누리당 대표와 면담할 수 있도록 했고, 실제 만남이 이뤄지기도 했다. 송 지사는 이 자리에서 국토교통부 등 중앙부처에서 강하게 반대하고 있는 어려운 상황을 설명하는 한편, '찔끔찔끔' 진행되고 있는 새만금사업이 속도감 있게 추진될 수 있도록 새만금특별법 개정안 통과에 진심을 담아 협조를 구했다.

정 전장관을 포함한 새누리당 전북도당이 여야가 따로 없는 광폭정치 행보를 계속해야 되는 이유가 여기에 있다.

정 전장관은 "이제 새정연 일당독주, 외발통 정치로는 우리 지역의 미래를 열 수 없다는 것을 도민과 지역정치인은 알고 있다"며 "소속정당과 관계없이 새만금특별법 개정안 등에 기꺼이 힘을 보태겠다. 지역발전의 전기가 마련되도록 여야 쌍발통이 강력하게 추진될 수 있도록 최선을 다할 것"이라고 말했다./

〈전라일보〉 이승석 기자(2015. 07. 06.)

"전북현안 내가 챙길 것"

새누리당 김무성 대표최고위원은 7일 "낙후 전북을 발전시키기 위해 새누리당, 아니 내 이름을 걸더라도 최선을 다해 무엇이든지 하겠다"고 강조했다

김 대표는 이날 새누리당 중앙당사에서 열린 '18대 대선 전북지역 공로자 격려 및 표창장 수여식'에서 "여러분은 정말 대단하다. 그리고 감사하다. 그 어려운 지역에서 우리 당을 위해 너무나 큰 공을 많이 세우신 여러분들께 당에서 여러분들에게 일찍 감사를 표해야하는데 너무 늦었다"면서 "앞으로 전북의 현안들은 내가 챙길 것이다"고 말했다.

특히, 김 대표는 공무원연금 개혁과 새만금 사업을 예로 들며, "한 달 밖에 남지 않은 공무원연금 개혁을 안하면 큰일 난다. 재

정이 파탄난다. 매년 부족분이 하루에 100억이다. 어려운 국민들에게 복지혜택을 못주게 되고 필요한 SOC 못하게 된다"면서 "새만금 개발해야하는데 그것도 늦게 갈수 밖에 없다. 공무원연금 개혁을 꼭 성공하도록 여론을 잘 형성해 달라"고 거듭 당부했다.

이와 함께 김 대표는 "우리는 전라도, 호남 이러면 다 똑같이 어렵고 우리 당이 어려운 지역이라 생각했다. 그런데 전남하고 전북하고 완전 다르다. 전북은 전남에 비해서 더 소외감을 느끼고 피해의식을 갖고 계신다는 것을 잘 알고 있다. 앞으로 전북에 더 큰 신경을 쓴다는 약속드린다"면서 전북에 대한 애정을 거듭 피력했다.

김 대표는 이어"지난 7. 30 보궐선거 때 전라남도 곡성순천에서 이정현 최고위원이 27년 만에 우리 당 이름으로 당선됐다. 전북도 내년 총선에서 당선 된다면 20년 만에 당선되는 것인데, 당선시켜야 되지 않겠냐"고 분위기를 한껏 고조시켰다.

그러면서 "여기 정운천 전 장관도 계시고 최범서 위원장도 계시고 또 전북에 훌륭한 당협장들 많이 계신데 꼭 당선시켜 주시면 정말 우리 당이 전국 정당으로 된다"면서 "지금까지 보다 더 큰 힘으로 우리나라 발전을 위해 전북 발전을 위해 할 수 있다는 생각으로 잘 좀 도와 달라"고 당부했다.

한편, 이날 김 대표가 참석한 전북 우수당원 표창장 수여식은 정운천 전 장관을 중심으로 지난 대선 과정에서 새누리당을 지지한 전북 당원을 격려하기 위해 마련됐으며, 중앙당의 이군현 사무총장과 강석호 제1사무부총장, 정양석 제2사무부총장 등도 배석했다.

〈전라일보〉 김형민 기자(2015.04.07.)

친생태지역으로 변하는 왕궁단지

〈새전북신문〉 정운천칼럼
2015.08.23.

전주는 조선후기 대사습놀이가 열렸던 소리의 고장이며, 완판본이라는 이름으로 한양과 함께 출판문화를 주도했던 기록문화의 도시였다. 조선왕조 500년 역사가 시작되어 문화와 전통이 살아있는 도시 전주를 찾는 사람들이 최근 많이 늘고 있다.

서울에서 전주로 오려면 호남고속에 이어 천안-논산간 고속도로를 이용한다. 그러나 천안-논산 고속도로를 빠져나와 왕궁 삼례지역이 가까워지면 먼저 고약한 악취가 여행자들을 괴롭힌다. 바로 익산시에 위치한 왕궁 축산단지 폐수로부터 나오는 가축 분뇨 냄새이다.

왕궁 축산단지는 1948년 무렵 조성되어 한센인 700여명 포함하여 2,000여명의 주민이 돼지, 닭 등을 키우며 거주해 왔다.

낡고 밀집한 축사와 주택이 인접해 있어 주거환경이 극도로 열악하며, 축사에서 방류되는 가축분뇨는 악취와 새만금 수질오염의 주된 원인이 되어 왔다. 또한 전주를 찾는 손님들은 여행지에 도착도 하기 전에 먼저 불쾌한 첫인상을 갖게 된다.

전북도와 익산시에서도 문제를 심각성을 인식하고 환경 개선을 위해 노력했으나 워낙 막대한 예산이 필요한 상황이라 해결을 하지 못하고 수 십 년의 세월이 흘러왔다.

2010년 6월 전북 도지사 후보로 출마한 나는 첫 유세지로 왕궁단지를 방문하였다. 마을에 도착해 주민들의 삶을 살펴보았을 때 차마 믿기가 어려웠다. 현기증 나는 악취와 이토록 열악한 환경 속에서 어떻게 생활을 해 왔을까? 내 스스로 이 문제만큼은 꼭 해결하겠다고 다짐을 했다.

선거에서 낙선을 했다. 그러나 왕궁 단지 문제를 지체할 수 없었다. 나는 수 개월간 왕궁단지 지역 주민과 함께 긴밀히 지역상황을 분석하며 해결책을 찾아보았다. 관계 부처를 찾아다니며 관계자들을 만났다. 먼저 참혹한 주민 삶의 모습을 상세히 설명하고 아울러 축산 오폐수가 새만금 상류 만경강으로 흘러들어 새만금 수질오염의 심각한 원인이 되고 있음도 알렸다. 그러나 이 문제는 보건복지부, 환경부, 농식품부 3개 부처가 관련되어 있어 수십 년 동안 서로 떠넘기면서 해결점을 찾지 못하고 있음을 알았다.

숙제를 풀 수 있는 방법이 무엇일까?

해답은 왕궁축산단지 환경 개선 사업을 새만금 사업에 포함시키는 것이었다. 당시 나는 새만금위원으로 있었다. 2011년 2월 이재오 국민권익위원장이 왕궁촌을 방문해 해결분위기를 만들었다. 그리고 나는 새만금 수질개선사업으로 새 예산의 몫을 만들기 위해 3개 부처 국장들을 모아 총리실 소속 TF팀을 구성하는데 주력했다.

2개월간 TF팀과 심혈을 기울인 끝에 향후 5년간 왕궁축산단지 환경개선 지원 사업을 확정할 수 있었다. 이어 2010년 7월 30일 정부는 본 사업에 국비예산 700억 원을 지원한다는 내용과 함께 구체적인 사업 계획을 발표하였다. 드디어 오랜 숙원사업이 빛을 보는 순간이었다.

이 대책에 의해 왕궁단지는 새만금 종합계획에 따른 환경관리개선 특별관리지역으로 지정되었다. 그리고 지난 5년간 국비와 지방비 약 1,200억여 원을 투입해 환경 개선 사업이 차분히 진행되어 왔다. 가축분뇨 공공처리시설 보강공사, 폐업축사 매입 및 정비 사업, 한센인 양로시설 기능보강사업 등이 진행되어

왔다. 주민과 정부와의 이견으로 사업계획이 지연되기도 하며 우여곡절을 겪기도 했으나 현재 70% 정도의 공정을 완료했다. 특히 익산천과 주교제 생태하천 및 생태습지 복원사업은 완전히 생태가 복원되려면 2년에 기간이 더 필요하며 국비 150억 포함 253억 정도의 추가예산도 투입되어야 할 것으로 예상된다. 당정이 힘을 모아 국비예산이 차질 없이 지원되도록 해야 할 것이다.

왕궁단지 주변 고속도로를 지날 때마다 심각했던 악취가 많이 줄어들었음 느낀다. 더 나아가 이제 왕궁단지는 친환경 생태지역으로 변모하고 있다. 마지막까지 왕궁단지 환경 개선사업이 철저히 완료되어 아름다운 환경생태지역으로 탈바꿈되기를 바란다.

쌍발통 정치시대가 열리는가?

〈새전북신문〉 정운천칼럼
2015.06.28.

전북의 정치가 바닥을 치고 있다.

전북이 중앙에서 홀대 받고 있다고 한탄해 하는 것이 어제 오늘일이 아니다. 호남에서 전북은 광주 전남의 변방으로 몰려 제 몫을 다하지 못하고 있다. 왜 전북이 이렇게 무기력해 졌는지 냉정하게 판단하고 해법을 찾아야 된다고 본다.

지난 대통령선거, 국회의원 선거, 도지사선거에서 전북의 새누리당 지지율은 전남보다 크게 앞섰다. 그럼에도 불구하고 작년 7.30 보궐선거에서 이정현 후보가 전남 순천, 곡성지역에서 당선 되면서 정치풍향계는 전남으로 넘어갔다.

새정연의 경우 전북에 11명의 국회의원이 있고 수 만 명의 책임당원이 있는데도 중앙당 최고위원 당 5역에 들어가지 못하고 변방으로 내 몰렸다. 정부는 전북에 무장관, 무차관 시대를 만들었다. 건국 이래 70년 동안에 이렇게 전북에 정부 여당 야당 모두가 바닥을 친 예는 없었다.

도민 모두가 답답해하고 있다. 그러나 어둠 속에서도 전북의 희망의 싹이 키울 수 있는 해법은 있다. 새만금, 국민연금공단, 기금운용본부, 국가식품클러스터, 탄소벨리, 농촌진흥청을 대표하는 혁신도시가 있다. 전북을 발전시킬 주춧돌은 마련되어 있다.

그러나 새정연 홀로 이 일들을 추진한다는 것은 불가능하다. 여야 쌍발통으로 강력한 추진력을 발휘하여 이 씨앗들을 싹틔우고 잘 키워나아가야만 획기적 전북 발전의 전기를 마련할 수 있다

며칠 전 송하진지사로 부터 긴급한 전화를 받았다. 새만금특별법(규제완화 인센티브 국무총리실 지원단)개정이 국토해양위를 거쳐 국회 법사위에 상정되었는데 새누리당 법사위 위원들의 도움이 필요하니 면담을 주선해 달라는 요청이었다. 새누리당 법사위 위원들을 만나 상황을 설명하고 법통과에 협조를 구하기 위해 면담 일정을 잡을려 했지만 여의치 않자 내게 도움을 청한 것이다.

지사는 다음날 오후 2시에서 5시까지 서울 국회의사당에서 새누리당 법사위원 6명과의 미팅을 희망했다. 나는 우선 나의

다른 모든 일정을 취소하고 법사위 한 명, 한명에게 연락을 하여 긴급 면담을 신청했고 어렵게 모두 개인 면담일정일 잡았다.

그리고 당일 송지사와 동행하여 정갑윤 국회부의장, 이병석전 국회부의장, 홍일표의원, 김도흡의원, 이한성 새누리당 법사위 간사 모두를 릴레이로 만났고 마지막으로 김무성대표를 만나 협조를 구했다. 도청공보실은 위 사실을 언론을 통해 도민에게 알렸다. 송지사는 전북도민을 위해서는 여 야가 따로 없다는 광폭 정치 행보를 선택했고 공을 나누는 포용의 모습도 보여주었다.

이것이 바로 전북의 희망의 불씨이다. 지난 6년여 전북에서 정치 활동을 하면서 나는 줄곧 쌍발통 정치를 외쳤다. 수레는 바람을 꽉 채워 넣은 튼튼한 두 바퀴가 있을 때 속도를 내어 굴러간다. 많은 짐을 실어도 거뜬히 달려간다. 이제 새정연 일당독주, 외발통 정치로는 전북의 미래를 열 수 없다는 것을 전북의 정치인도 도민도 모두 알고 있다.

앞으로도 전북 발전을 위한 길이라면 나 또한 당에 관계없이 기꺼이 힘을 보탤 것이다. 쌍발통 정치시대를 열어 갈 것이다. 그것이 바닥을 치고 있는 전북의 새벽을 여는데 가장 절실한 길이라 믿기 때문이다.

전북정치 '메기효과' 절실한 때

〈새전북신문〉 정운천칼럼
2015.04.06.

지구가 진화과정을 보면 양과 음의 조화 속에서 서로 먹이사슬을 갖고 생존을 위한 처절한 경쟁을 통해 진화해 온 것을 볼 수 있다. 그 중 한 사례로 메기와 미꾸라지를 들 수 있다. 미꾸라지의 천적은 메기라고 한다. 한국에서 토종미꾸라지를 수출할 때 미꾸라지와 메기를 한통속에 넣고 미국까지 보내면 메기도 미꾸라지도 죽지 않고 더욱 힘차게 살아 있다고 한다.

삼성그룹 이병철회장이 일본유학을 마치고 경북의령에서 농사지을 때 메기효과를 확실히 보여줬다. 그 당시 논 한 마지기에 쌀 두 가마니가 생산되던 시절이었는데 이 회장은 논 1마지기에는 벼를 심고 또 다른 1마지기에는 벼를 심은 후 미꾸라지 1,000마리를 풀었다. 결과 벼만 심은 논에서는 쌀 2가마니가 나왔고,

미꾸라지 논에서는 쌀 4가마 나왔으며 미꾸라지 수도 2,000여 마리로 늘어났다.

다음 해에는 한 쪽 논에는 어린 미꾸라지, 1000마리를 키웠고, 다른 논에는 미꾸라지1,000마리와 메기 20마리를 같이 키웠다.

1년이 지나 관찰해 보니 미꾸라지만 넣은 논은 미꾸라지가 약 2,000여 마리로 두 배 증가했으나 미꾸라지와 메기를 함께 넣은 논에서는 미꾸라지가 4,000마리로 4배, 그리고 메기는 약 100마리로 무려 5배나 늘어나는 놀라운 일이 발생했다. 미꾸라지가 메기에게 잡혀 먹히면서도 미꾸라지만 키운 논보다도 훨씬 더 많은 번식력을 보였고, 더 윤기가 나고 생동감이 넘치는 미꾸라지가 되었다. 이후 메기와 미꾸라지를 모두 팔았더니 쌀 8가마니에 해당되는 돈을 벌었다고 한다.

세계 굴지기업으로 성장한 삼성의 경영철학으로 메기효과가 회자되고 있다.

선친에 이어 삼성 이건희 회장도 경영어록에 두루 인용했다. 메기효과는 자연의 생존 본능이다. 고통과 위험이 닥쳐오면 모든 생물은 긴장하여 더 활발히 움직이고 더 열심히 번식하며 훨씬 강해진다.

정치를 살펴보자. 민주주의는 정당정치가 기본이며 복수정당의 이상을 의미한다. 그러나 대한민국은 수 십 년간 지역감정의 틀 속에 갇혀있다. 경상도와 전라도에서 정당정치는 사실상 실종되었다. 경쟁 없는 정치는 무기력해졌고 그 피해는 고스란히 도민의 몫이 되었다. 그동안 전북에도 3무(3무)정치시대가 30여 년간 이어져오고 있다, 여당이 없고, 경쟁이 없고, 책임도 없다. 이러한 전북 정치 현실에 몇 년 전부터 변화에 물결이 일고 있다.

새누리당 선거 득표를 살펴보자. 2010년6.2지방선거에서 한나라당 도지사 후보였던 필자가 18.2% 받아 처음으로 두 자리를 얻었고 2012년 4.11총선에서 완산을 국회의원후보로 35.8% 얻어 당선권에 도달하는 듯 했다.

2012년12.19일 대선에서 박근혜 후보가 13.2%을 얻어 처음으로 대통령 선거에서 두 자리숫자를 견인했다

2014년 6.4지방선거에서 박철곤 도지사 후보가 20.2%를 얻어 전남 새누리당후보 10%를 앞질렀다.

전북은 지난 4년 동안 전남광주를 뛰어넘어 새누리당의 기대지역으로 변화를 주도했다 그러나 작년 7.30 보궐선거에서 새누리당 이정현후보가 순천/곡성에서 당선됨으로 정치변화의 물줄

기는 순식간에 전남으로 가져가 버렸다.

새정치연합(민주당)은 전북에서 큰 지지를 받았던 안철수대표가 선거에 책임을 지고 물러났다. 손학규 전 대표는 낙선으로 정치 전면에서 물러났다. 전북에는 새정치연합 11명 의원 중 최고의원 한 명도 없는 상황으로 전락해버렸다.

설상가상으로 전북은 장차관 한 명도 없는 시대가 되었다.

건국 이후 70년사에 전북이 이렇게 무기력하고 최약체가 되어본 적이 있는가?

이제 전북에 "메기효과"가 절실할 때이다. 전북정치에도 메기 같은 역할을 할 사람 몇 명은 키워야 한다. 그래야 새정치연합과 새누리당 모두 무기력에서 벗어날 수가 있다. 중앙과 통로가 열려 쌍발통정치가 도래된다.

꽉 막혔던 전북이 새로운 경쟁체제로 미래의 희망을 만들어 나 갈 수 있다. 취직을 못해 애가 타고 있는 젊은이들과 그런 자식들을 지켜보는 부모의 심정을 알고 있는가? 후미진 골목에서 하나 둘 문을 닫은 상점들 주인은 어디에서 처진 어깨를 추스르고 있는가? 절대지지를 받고 있는 민주당(새정치연합)이 저렇게 바닥을 치고 있는데 민주당을 살리기 위해서라도 메기를 키워야 하지 않을까? 전북경제를 살리고 전북의 희망찬 미래를 열기 위한 방법으로 이제 '메기효과'를 실천해야 할 때다.

맺음말

나의 길

내가 가야 할 길, 내가 해야 할 일이 고민될 때 생각나는 선생님이 있다. 장관직을 내려놓고 전국을 순례할 때 만난 대산 김석진 선생이다. 한학과 주역의 대가로 존경받는 분이다. 그 분이 써준 호송시를 생각하며 나는 나의 길을 가고 있다.

자작경산산작춘(自作耕山山作春)하고
운천강우물생신(雲天降雨物生新)이라.
수지차리공성대(誰知此裡功成大)하고
대득방명우득진(大得芳名又得眞)이라.
스스로 산을 일구어 봄을 만들고
구름 낀 하늘에 비 내리니 만물이 소생하는도다.

그 누가 이 큰 공을 세운 것을 알리오.

꽃다운 이름을 크게 얻고 또 참을 얻을 것이니라.

선생은 나에게 경산(耕山)이라는 호를 주시고 호송시까지 지어 주셨다

"산을 일구라니요? 지금까지도 어려운 길을 걸어 왔는데, 또 이런 호를 지어 주십니까?" 하니 대산 선생님은 "팔자가 그러한 걸 어쩝니까?" 하고 너털웃음을 지으셨다.

그래, 팔자가 그렇다면 산을 일구는 험한 일이라도 마다하지 않고 가겠다.